高山 都の

美食姿

わたしが「作って」「食べる」理由。

4

FUTABASHA

高山　都の

美食姿

わたしが「作って」「食べる」理由。

4

はじめに

私は幼い頃から、食べることにとにかく貪欲でした。どんなに眠くても面倒臭くても、必ず朝食は食べていたし、今日はなんだろう……とワクワクして食卓についていました。逆に、妹は低血圧で朝にめっぽう弱い。半分、食卓に突っ伏しながら食べていた。姉妹なのに全然違う朝の風景でした(笑)。

我が家は決して裕福とは言えない家庭でしたが、食に対しては、ささやかな楽しみ方を大切にしていたと思います。四季を大切にする母の料理には、小さな旬がたくさん入っていました。晩酌をする父だけじゃなく、小さな娘ふたりにも、ちゃんと数品の小鉢を用意してくれました。どんなにバタバタと忙しくても、母の料理で、大皿のどーんとしたものは記憶に残っていません。毎日、〝いただきます〟と〝ごちそうさま〟が必ずあって、限られたなかでも、食事に対する向き合い方を教えてくれた気がします。とはいえ、土曜日の昼ごはんは、ジャコやちくわが入った地味な焼き飯なんてこともありました。子供の頃は、貧乏臭くて嫌だなあなんて思っていたけれど（今は大好物ですよ）、今思えば、栄養バランスも考えて作ってくれていたんだな。月末の給料日に家族で行く外食も楽しみでした。今の自分よりもうんと若いのに、子供ふたりを育て、よくやりくりしてくれてたなと、この歳になって感謝することも増えました。

共働きの家庭で育ったので、自分のことは自分でする、これがうちのルール。晩ごはんの支度や洗い物をするのも当たり前。だから食事を作ることにも、早くから接してきたように思います。

上京して早19年が経ちました。暴食や無理なダイエットを繰り返し、やさぐれた20代を経てきました。30歳を過ぎ、心も身体も無理が効かなくなり、特にこの数年は腸炎や不眠症などいろいろな不調を体感して、改めて〝食〟を見直しています。毎日のなかで、簡単でもいいから自分の心身と向き合うことは、とても大切なことだと、バランスを崩して初めて気づくことができました。なんだって遅すぎることはないし、難しく考えず、いいなと思ったことはやってみる。これは相変わらず私が日々続けていることです。手間をかける日も、そうでない日もあっていい。なるべく無理はせず、今の自分らしさを楽しめば、きっとそれが小さな幸せに繋がると思うから。この本に載せたのは、簡単なものから、少し気分や目線が上がったりするレシピたち。私が見つけた、とっておきの美味しいを作るエッセンスです。読んでくれた方の日々のストックにひとつでもなれば、とっても嬉しいです。

目次

はじめに 002

【第1章】美

鏡に映る姿にゲッとなりたくない 024
料理をするときはすっぴん爪 028
ココロもカラダも巡らせる 032
発酵の力に頼ってみる 038

【第2章】食

器と盛りつけで美味しさが変わる 044
地味めしには派手皿（冷やっこ／明太子と塩昆布のチャーハン） 046
ハーブで彩る（たっぷりハーブとスイーツ） 048
ふわっと立体感（切り干し大根のツナマヨサラダ／茹で鶏のエスニック風そうめん） 050
器は服のように着まわす 052
長皿（おめかし塩たま／鶏そぼろのおにぎり） 054
どんぶり（とろ〜り卵の親子丼／ひらひら大根とあさりのスープ） 056
丸皿（洋風タコめし／喫茶店風カレー） 058
揚げものは正義なのだ 062
ざくざくフライドポテト 064
車麩のから揚げ 065
豚肉と梅と大葉の細春巻き 067

ささみと大葉チーズのジェノベ春巻き 067
サバカレーとチーズの三角春巻き 068
牡蠣と春菊の春巻き 069

やっぱりビールが好き 070
柚子胡椒の鶏から揚げ 072
大人のマカロニサラダ 073
季節の柑橘サラダ 073
柚子胡椒入りヤムウンセン 074
ゴロっとキャベツとソーセージのサブジ 075

美味しいワインで「アペロしよう！」 076
ひらひらズッキーニのサラダ 078
タコとセロリのマリネ 079
鮭のピンク色南蛮漬け 080
いちじくとバターのマスカルポーネ 081

ナンプラーより使える魚醤 082
魚醤のカルボナーラ 084
魚醤のガパオ風ライス 085
魚醤の漬けマグロ 086
鶏手羽先とカブの魚醤バター炒め 087

私のリピ買い調味料 088
食欲をそそる赤い料理 090
丸ごとトマト鍋 092
真っ赤なイカのフェ 093
ひとクセある緑野菜をジェノベーゼに 094
鯛のカルパッチョジェノベーゼがけ 096
緑のポテトサラダ 096
春菊のジェノベーゼパスタ 098
ジェノベチーズのピザトースト 099
ほっとくだけで美味しい肉料理 100
塩豚のポッサム 102
塩豚のさっぱりラーメン 103
しっとり茹で鶏 104
鶏出汁を効かせた卵白スープ 105
ようこそ、居酒屋みやこへ 106
キャベツのおひたし 111
アボカド明太／枝豆と塩昆布のナムル 112
ひらひらきゅうりとミョウガの和えもの／
海苔の佃煮モッツァレラチーズ 113
ホームパーティの手土産 116

【第3章】姿

できないことを嘆くよりできることを増やす　122
エプロンでもおしゃれをする　124
お気に入りで揃える台所道具　130
少しずつ集めた台所道具　132
ひらめきは本から　136

おわりに　142

【料理の表記について】

◎材料の表記は1カップ＝200mℓ(200cc)、大さじ1＝15mℓ(15cc)、小さじ1＝5mℓ(5cc) です。
◎調味料の分量やコンロの火加減、油の温度、時間などを表記しておりますが、目安として記したものです。好みで加減してください。

台所でちびちびと、
自分だけのおつまみを作る時間。
今夜のお客さんを想いながら、
春巻きをせっせと包む時間。

美味しいもののために生きている。
そう言えるほど私は、
食べることも、作ることも大好きです。

PASTEL d'Occitanie のサーマルワンピース・エプロン、R.ALAGAN のピアス

「美味しい！」は、
みんなを笑顔にする魔法の挨拶。
その言葉は
私をいつも幸せにしてくれる。

人生であと何回、
ごはんを食べられるんだろう。
限られているなか、簡単でもいいから、
自分が満足するものを選んでいきたい。

ATON のジャケット、中に着たタンクトップ、FRAMeWORK のオーバーオール、OLIVER PEOPLES のメガネ、
HERMÈS のリング、TIFFANY & Co. のピアス・ブレスレット、Chaos のバッグ、CONVERSE のスニーカー

水茄子
190
900
¥100

ちょっと良いことがあった日は、
ふらりとお店に寄り道して帰る。

カウンター席でひとり、
グラスを傾けて料理をたしなむ。
やっと大人になれた、と思う瞬間。

料理に合う、ワインを選ぼう。
テーブルに合う、お花を選ぼう。
私だけのささやかな幸せを、
日々のなかで見つけていこう。

ATON のニット、studio CLIP × 高山都コラボのスカート、R.ALAGAN のピアス、Cartier の vintage 腕時計

【第1章】

美

若い頃は、無理な食事制限をしていたけれど、
痩せないし、肌は荒れてイライラするばかり。
心身共に健やかな人が美しいと気づき、
30代はしっかり食べて運動もして、
心も身体も巡らせることに意識を変えました。

食材を扱うときは派手なネイルを止めて、
清潔感を大切にすること。
ひとりで自宅にいるときでも、
最低限のヘアメイクをすること。
小さなことでも意識をすることで、
自分のモチベーションが上がりました。

それでも加齢によって、
気分や体調がすぐれなかったり、
深く眠れないことも多くなった。
この歳になって新しい悩みも増えたけれど、
自分自身に向き合う良い機会なんだと、
改めて思うことにしました。

今の自分にはなにが必要で、どう食べればいいのか。
選ぶことの大切さを知ることができました。
できなくなったことを嘆くのではなく、
楽しみ方を増やしていこう。
そう考えられたら、
年齢を重ねていくことが楽しくなりました。

鏡に映る姿に
ゲッとなりたくない

モデルとしての撮影がない日は、自宅でひとり、黙々と作業をすることが多い。新しいレシピのために料理を試作したり、私服撮影用のコーディネートを組んだり。今もリビングでひたすら原稿を書いています。ひとり暮らしなので、１日誰とも話さないこともあるし、夕飯の食材を買いに出かけたスーパーのレジで、「ビニール袋は結構です」と伝える言葉が、その日の第一声になることも。誰かに見せるわけではないけれど、ボサボサな髪とすっぴんでいるよりも、ちょっとばかりテンションが上がる１日を過ごしたい。鏡で自分の姿を見るたび「ゲッ」とならないよう、私は、最低限の身だしなみを整えるようにしています。

起きたらまずは顔を洗い、眠い体を起こすようにパジャマから着替えます。そしてメイクは、眉とチークのみ。ＡＤＤＩＣＴＩＯＮの幅広ブラシで丁寧に眉を埋め、まるで元から毛があったような毛流れを作る。頬と目尻にＴＨＲＥＥのクリームチークとハイライトをほんのり指でのせるだけ。仕上げにピアスをつけて、顔周りを華やかに見せます。ほんの少しのポイントをおさえた身支度は、自分の〝ご機嫌〟をとる大切な習慣。前夜に深酒をしてちょっと面倒臭い朝でも、身だしなみを整えて、気分をシャキっとさせています。

おうちでのラフなメイク

1.

眉はスクリューブラシで毛流れを整える。毛と毛のすき間を“かきました感”が出ないよう意識して、幅広のブラシ**a**で丁寧に埋めていきます。アイブロウパレッド**b**は、3色を混ぜ、グレーがかった茶色にすることで仕上がりも自然に。

2.

頬はクリームパレット**c**の左側のオレンジ系カラーを使用。頬の高い位置から輪郭外側に向かって斜め上に、中指でポンポンとのせて肌に馴染ませていきます。

3.

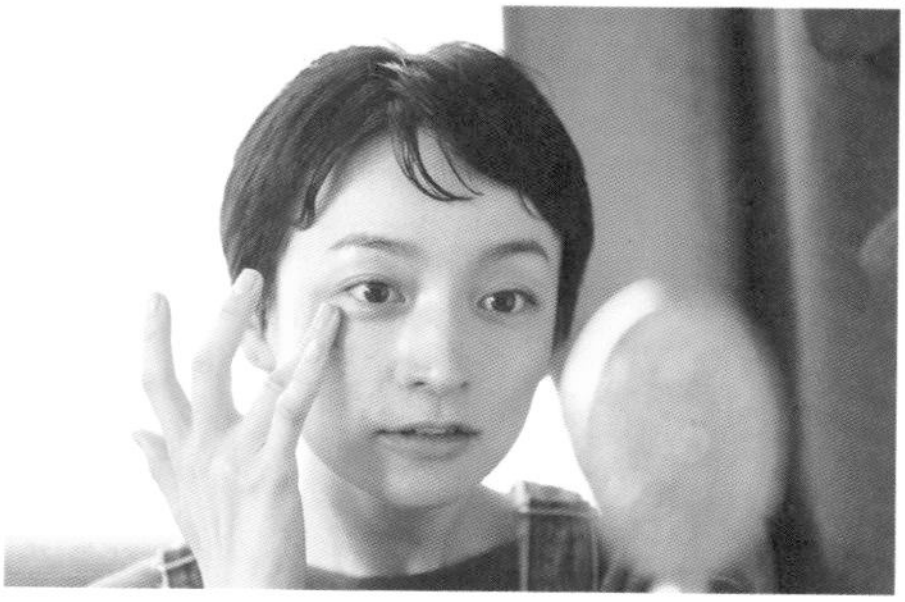

クリームパレット**c**の右側のハイライトを薬指の先に軽くつけます。目尻から上まぶたに向かって、くの字でのせて立体感とツヤを出す。すっぴん風に見えるけれど、しっかり仕込んだメイクのできあがり。

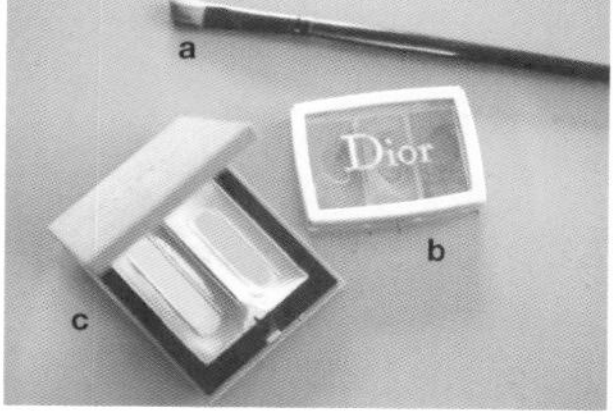

a　アディクションのアイブロウブラシ。
b　3色入ったアイブロウ パウダーは、Dior のバックステージ ブロウパレット 002。
c　チークとハイライトは THREE のシマリング グローデュオ 02。

John Smedley のサーマルトップス、FRAMeWORK のオーバーオール、grün のピアス、BIRKENSTOCK のサンダル

料理をするときは すっぴん爪

この数年で料理をする仕事が本当に増えました。食材を扱うのに、色がピカピカのった爪はなんだか違和感があって清潔に見えない。だから、お料理の仕事のときは〝すっぴん爪〟で臨んでいます。シャリやネタを素手で扱う寿司屋の大将の指先を見たとき、ギリギリまで短く切られた爪がカッコよかった。私もこんな風に潔くすっきりした手でお料理をしたい、そう思ったんです。

実は書籍1冊目では、ジェルネイルをして撮影をしました。美しく見えるけれど、なぜあのときジェルをつけていたんだろう……と、少し後悔しています。それからは、食材を扱うような場では爪を短く切り、できるだけ清潔に見える手元を意識するようになりました。撮影などでネイルを塗らないといけないときは、できるだけすっぴん爪に見えるように、ｕｋａのベージュや淡いピンクなど自然な色を選びます。素肌にファンデーションを薄く塗り、トーンを上げるように、爪もほんのり色をのせると、品良く指がスッと長く見えるんです。どんな場所にも好印象を与えてくれる万能カラーは、１本持っていると、目上の方と会うときやフォーマルな場へ行くときにも使えますよ。年齢は手元に表れてくるとよく聞くので、ケアを忘れずに、指先まで気を遣えるような女性になりたいです。

すっぴん爪に合うネイル

a　まるでなにも塗ってないかのように見せてくれる、透明感のあるツヤピンク。1度塗りで、血色の良い綺麗な爪先に仕上げます。uka カラーベースコート ゼロ 2/0。
b　どんな肌にも馴染むピンクベージュ。uka カラーベースコート ゼロ 13/0。
c　品の良いピンクベージュ。NAILS INC レッツゲットヌード アルバート ガーデンズ。
d　繊細なパール入りベージュ。LUNASOL ネイルカラー EX03 フォックスベージュ。
e　色持ちを良くし、爪の表面に光沢感を与えてくれる速乾トップコート。ネイルカラーを塗らず、そのままつけたりも。OSAJI コンフォータブル トップコート。

ネイルケアもしっかり

すっぴん爪でいることが多いからこそ、
気をつけているネイルケア。
こっそりケアして
自然で綺麗な手元を目指しています。

a　爪にオイルを塗って、潤いのある手に。仕事の合間や出先など、気づいたらつけるように。uka ネイルオイル リスペクトユー。
b　爪に優しいアセトンフリーの除光液。薄い色のネイルのときに使ってます。OSAJI コンフォータブル ネイルリムーバー。
c　植物油を配合した2層式の除光液。アセトン配合でさっと落とせます。香りも爽やかで好き。uka ネイルカラー リムーバー 12:55。

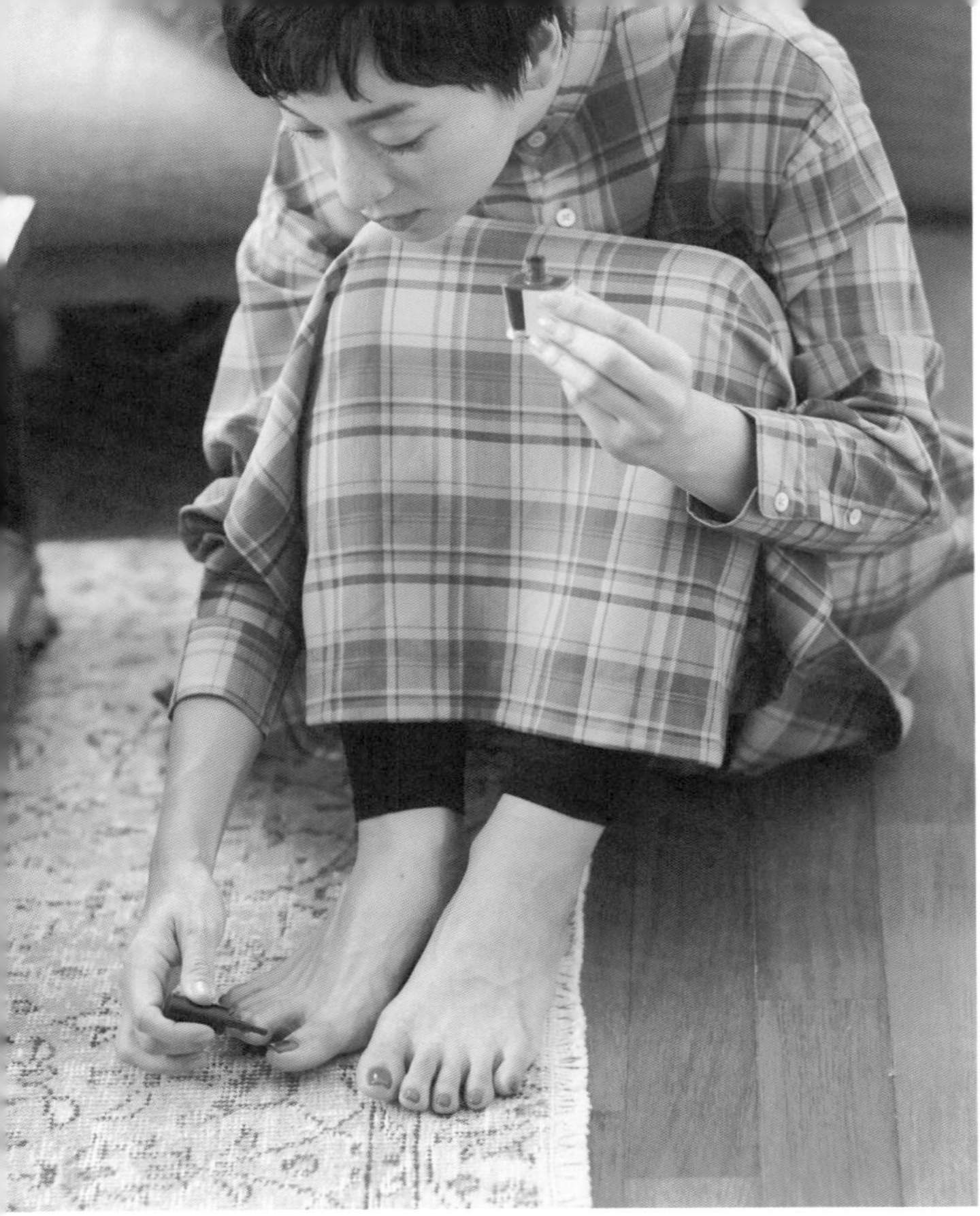

冬でもフットネイル

手のネイルを控えるようになった分、
足の爪は1年中塗って、
フットネイルを楽しんでいます。
濃いめのカラーが好みです。

a　カナダのアパレルショップで買った、ネイビーブルーのネイル。OAK + FORT。
b　おしゃれに見えるダークネイビー。ジェルネイルのような、ぷっくりツヤのある仕上がりに。NAILS INC アトリエネイルズキーピングイットクチュール。
c　綺麗なボルドーレッドは、2度塗りで色を深めます。uka レッドスタディ ワン 6/1。
d　細かいラメが入った、サボテングリーン。色も名前も可愛い。uka ペディキュアスタディ 5/ ペディ。
e　グレープのような、みずみずしいパープルカラー。SUQQU ネイルカラー ポリッシュ 106 水紫（限定品）。

ココロも
カラダも巡らせる

風通しの良い人でいたい。ここ数年、私が意識していることです。嫌なことがあっても、じめじめと引きずらず、濁った気持ちをしっかり排出できる。落ち込んでも自力で立ち上がれる強さがある。そんな人に魅かれることが多く、そうなりたいと常に思っています。それは、身体に対しても同じ考えで、悪いものはすぐに出して流し、弱っても免疫力を上げて治していきたい。心も身体も老廃物が溜まると、どんよりくすんで元気がないように見えてしまうんです。良いものを取り入れながら、上手に巡らせていくことが目標です。

毎日走って汗を流すこともしていますが、この数年で1番変わったことは、体の中に取り入れる物。朝起きたら、まずは白湯や熱いお茶を飲み、内側から温めることを大切にしました。そして、毎日の主食を、白米から良質な玄米に変えました。玄米の良さはとにかく栄養価が高いところ。食物繊維やビタミン、ミネラルなどの〝栄養〟という服を着ているのが玄米で、その服を脱がせたのが白米（＝精米）だと、薬剤師の友人に教えてもらいました。忙しいときでも玄米を食べていると、肌の状態も揺るがないし、お通じの調子も良いんです。良いことはたっぷり溜め込み、不要なものは流し出す。いつだって、心も身体も健やかでありたいものです。

温かいお茶を飲む

食事をするときや、原稿を書くときは、
温かいお茶を飲んでリラックス。
デトックス効果があるので、
むくみを取りたいときは、多めに。
茶葉はいつも、伝統的な栽培・
製造方法にこだわった『EN TEA』です。

愛用している茶器

竹村良訓さん

独特の色彩豊かな酒器を、お茶を飲むときにも使っています。カラフルな色合いは、食卓に置くだけで元気になるし楽しい。小鉢として、お料理をのせることもあります。

佐々木康弘さん

少しずつ揃えていった佐々木さんの湯呑み。気づけばこんなにたくさん。数もあるので、人がたくさん来たときに大活躍します。この器も小鉢としてよく使っています。

古伊万里焼

大江戸骨董市で見つけました。店員さんに「蕎麦猪口だけど好きなように使ってね」と言われ、茶器として使用。それ以来、器はいろんな用途で使えるものを選ぶように。

AURALEE のニット、Sea'ds mara のピアス

主食は玄米

これさえ食べていれば大丈夫、と薬のように頼っている玄米ごはん。肌の状態も揺るがないし、お通じも良くなりました。多めに炊いて小分けに冷凍しておくと、忙しいときもさっと食べられて便利ですよ。

農薬、除草剤、化学肥料を使っていない〝江頭さんの玄米〟は本当に美味しい。『DAY BY DAY』の Web shop でいつもオーダーしています。ちなみに私は、玄米と白米を1:1の割合で炊くのが好みです。

朝は相変わらず
白湯と青汁

朝は白湯と青汁を飲むことを
数年前から続けています。
温かい白湯を体内に入れると、
どんな季節も内蔵がじんわり温まって
体が起きてくるような感覚に。
肌にもお通じにもいい青汁は、
持ち運び便利なスティックタイプを
水に薄めて飲んでいます。

SAYAKA DAVIS のカーディガン、gelato pique のルームワンピース

発酵の力に頼ってみる

実は、数年前にストレスで腸炎になり、最近は不眠症にも悩まされています。走って頭と身体をすっきりさせても、なかなかその悩みは解決されませんでした。そんなとき「脳と腸は繋がっているから、自律神経も大きく影響している」と、教えてもらいました。腸は〝第二の脳〟とも呼ばれ、腸を整えることは、身体だけではなく心の健康にも効果的なんだそう。それからは、食べるものを意識し、腸を大切にすることを心がけるようになりました。

腸に良いと言われるのは、味噌や納豆、キムチ、ヨーグルトなどの発酵食品。栄養を身体に素早く吸収し、腸内環境を整えてくれるので、普段の食事になるべく取り入れるようにしています。美味しいお味噌汁がすぐ飲めるよう、かつお節と昆布で丁寧に出汁を取り、保存容器に入れて冷蔵庫にストックもしています。もちろん時間がないときは、天然出汁パックに頼ることも。お味噌汁と納豆、刻んだオクラ、生卵をのっけた玄米ごはんは、私の最強発酵メニュー。忙しいときは、常備している飲むタイプのヨーグルトを朝ごはん代わりに飲むようにもしています。

心身のバランスを整えるための腸活は、忙しいときこそ大切なこと。自律神経が乱れがちな近頃は特に、しみじみと感じています。

安土草多さんのグラス、佐々木康弘さんのボウル・箸置き

【第2章】

食

心や時間に余裕があるときは
なるべく、ゆっくり丁寧に料理を作ります。
そうはいかない日は、
買ってきたごはんを素敵な器に盛りつけて、
〝美味しい〟の満足度を高めます。

器や盛りつけに頼って、
簡単ごはんをご馳走ごはんに格上げしてみる。
いつもの味にマンネリしてきたら、
調味料を変えて、奥行きを出してみる。
冷蔵庫の野菜がぐったりしてきたら、
ミキサーで思い切ってソースにしてみる。
そんな風に、毎日食べるごはんのことを考え、
少しずつ私のレシピを増やしていきました。

料理学校に通ったわけでもないし、
どこかのお店で修行したわけでもない。

これは、私が今まで作ってみて、
美味しいと思った料理と、
大切に集めてきた器たちです。

頑張る日も、そうでない日も、
ちょっとしたコツ次第で、心もお腹も豊かになる。
美味しい時間は、意外と簡単に作れるんです。

N.Jam のトップス、ATELIER BETON のエプロン、Ron Herman で買ったピアス

器と盛りつけで美味しさが変わる

レシピ通りに作ったのに、なぜか料理が素敵に見えない……そんな経験は私にもあります。最後の決め手は、器と盛りつけなんです。言い換えれば、少しくらい地味な色みの料理でも、たとえ焦げてしまったとしても、器と盛りつけさえ素敵なら美味しそうに見えるし、「いただきます」の感動も大きいはず。

我が家には、棚いっぱいの器があります。中でも多く並ぶのは、青い器。青は、食材に唯一ない色なので、青い器を使うと、料理に奥行きが出るんです。特に合うのは餃子などの茶色い料理。〝茶×青〟の組み合わせは、補色と言って互いを最も引き立てる色なので、茶色の地味めしに青い器は、もってこいのバランスです。

器選びと同等に大切にしているのは、盛りつけ方。和食屋さんに行くと、私はカウンターで料理人の方の手元をよく覗きます。和えものやサラダも、お箸で少しずつ重ねていくように高さを出してお皿に盛っていく様子は、すぐに家でも真似しました。高さがあると立体感が出て、食材がイキイキする。そして高さを出すと、お皿に余白ができるんです。この余白も、いつも大切にしていることです。大雑把でもいいから、意識の中に少しだけ立体感と余白をイメージしておくと、一気に躍動感が出て、美味しそうに見えますよ。

食べるパクチーダレ

パクチー（2束）をサッと3秒茹で、冷めたら硬く水を絞ってみじん切りに。生姜とニンニク（各1かけ）も細かく刻み、ライム汁（1個分）、甜菜糖（小さじ1）、魚醤（大さじ1）、オリーブオイル（大さじ1）を和えてタレを作る。茹でた豚や鶏肉にも合います。

地味めしには派手皿

茶色い餃子やチャーハンも、シンプルな冷奴も、派手なお皿を背景にするだけで、美味しく華やかに仕上がります。地味めしは、器の色や柄で遊びましょ。

薬味たっぷり冷やっこ

ざるを大皿のように使い、その上に薬味などを入れたカラフルなお猪口を並べて。冷やっこが豪華な一品に。

材料 1人分

好きな種類の豆腐　適量
ごま油　適量
ミョウガ（細切り）　適量
大葉（千切り）　適量
韓国海苔の佃煮（p.88 参照）　適量
おつなのオイルつな（p.116 参照）　適量

❶ 豆腐は大きいスプーンで、数回に分けてすくって器に盛り、ごま油を回しかける。
❷ 薬味やつけ合わせをお猪口に入れ、①と一緒にざるにのせて飾る。

右上から反時計回りに、佐々木康弘さんのつゆ入れ、出西窯、青木良太さん、竹村良訓さん、青木良太さんのお猪口、石川硝子工藝舎の硝子小鉢

明太子と塩昆布のチャーハン

玄米ごはんを使うだけで、あら不思議。パラっと美味しいチャーハンが作れますよ。

材料 1人分

明太子(皮をむく)　一腹
沢庵(みじん切り)　2枚
ごま油　大さじ1
炊いた玄米ごはん　200g
塩昆布　ひとつまみ
煎りごま　大さじ1
大葉(みじん切り)　10枚

❶ フライパンにごま油を弱火で熱し、明太子と沢庵を入れて軽く炒める。
❷ さらに玄米ごはん、塩昆布、煎りごまも一緒に炒める。火を止めてから大葉を入れ、さっくりと混ぜる。

お茶碗やボウルにチャーハンを入れて、ドーム型ごはんを作ります。お店のような気分が上がるチャーハンになりますよ。

ハーブで彩る

冷蔵庫に必ず常備しているハーブ。
彩り豊かになる上に、
お料理にも奥行が出て香り高くなる。
どんな料理とも相性がよく、
メイン料理を引き立ててくれる
最高のわき役です。

a タイム：火を通すお肉やお魚料理に入れると、風味が出ます。
b ローズマリー：揚げ油に入れたり、煮込みに使ったり。
c パクチー：大葉と並ぶヘビロテハーブ。和食にも中華にも。
d 穂じそ（しその若芽）：カルパッチョによく使う、香り強めのハーブ。
e チャービル：香りがやわらかいから、飾りつけとして使います。
f バジル：加熱してガパオライスに入れたり、生でサラダにも。
g イタリアンパセリ：パスタにもスープにも。使いやすいハーブ。
h ディル：お魚料理によく合う。刻んだりそのまま使ったり。
i ペパーミント：お肉料理に使うと清涼感が出るのを最近発見！
j 花穂じそ（しその花）：少し値が張る一張羅ハーブは、特別な日に。

たっぷりハーブとスイーツ

市販のマフィンやケーキも、
ハーブと季節のフルーツを彩りよく
飾るだけで、よそゆきスイーツに早変わり。

材料 1人分

マフィン　1個
ハーブ（ディル、チャービル）　適量
ブルーベリー　適量
ぶどう　適量
レモン（薄切り）　1枚

❶ マフィン（ケーキなどでもOK）を、大きめのお皿の、中央から少しずらした所に置く。
❷ 半分にカットしたフルーツと、手でちぎったハーブやレモンのスライスをアシンメトリーに飾る。

ふわっと立体感

美味しく見せる盛りつけの基本は、こんもりと立体感を出すこと。一気に盛らずに、ちょっとずつ山を作るように、高さを出していきましょう。

切り干し大根のツナマヨサラダ

大根の甘みとコリコリした歯ごたえがたまらない。お酒のあてにどうぞ。

材料 2～3人分

切り干し大根　30g
ツナ缶　1個
A｜マヨネーズ　大さじ1½
　｜柚子胡椒　小さじ⅓
七味唐辛子　適量

❶ よく洗った切り干し大根をたっぷりの水で戻し、ぎゅっと水気を切る。
❷ ボウルに**A**を合わせ、①と汁気を切ったツナ缶を入れてよく和える。器に高さを出すように盛り、お好みで七味唐辛子を散らす。

茹で鶏のエスニック風そうめん

魚醤とハーブで、エスニックな味つけに。
夏はよく冷やし、冬は温かく、
1年中楽しめる鶏出汁そうめんです。

材料 1人分

茹で鶏のスープ（p.104 参照） 200mℓ
A 魚醤 大さじ1
　ライム汁 ½個分
　ごま油 大さじ1
そうめん 1束
茹で鶏（p.104 参照） 5～6切れほど
ハーブ（ディル、ミント） 各適量
ピンクペッパー 適量

❶ 冷蔵庫で冷やしたスープに、**A**を混ぜる。
❷ そうめんは表示通りに茹で、水をしっかり切ってから器に入れ、茹で鶏を縦にのせる。
❸ 上からスープをゆっくり注ぎ、手でちぎったハーブを盛り、ピンクペッパーを散らす。

器は服のように着まわす

私の〝器選び・器使い〟の定義は、洋服と同じように考えること。例えばデニムを買うとき、持っているブラウスやニットなどに合うのか、コーディネートを思い浮かべます。器に対しても、家にある器たちと一緒に並べても浮かないか、この器はどんな料理をのせると美味しそうか、と必ずイメージしています。

焼き魚をどーんとのせたいと思って手に取った、サードセラミックスの長皿。おかずを何品か盛り、ワンプレートとしても使えそう！と同時に思って、我が家に連れて帰りました。実はこの長皿、気に入りすぎて3色も揃えました(笑)。そして、益子の陶器市でひと目惚れしたこいずみみゆきさんの大きな丸皿は、書籍2冊目にも登場するほど、さまざまな料理と合わせています。深い緑が印象的な大沼道行さんのどんぶりは、小ぶりなので、おかずや汁ものだけではなく、卵がけごはんを盛るだけで品良く決まるんです。

器は難しく考えず、とにかく使ってみること。いくら素敵な1枚に出会っても、食器棚に置いて眺めているだけじゃもったいない。器も洋服も、使いこなせてなんぼ、だと思うんです。たくさん使って、器を自分好みに着まわしながら、テーブルの上でもコーディネートを楽しんでみてくださいね。

3RD CERAMICSの長皿は使いやすくて、MとLサイズの大きさ違いで3色購入しました。色はからし、白、ターコイズ。

焼き魚の定食

お味噌汁と玄米ごはんの、焼き秋刀魚定食。お魚には、大葉と大根おろしを添えて。擦った赤大根を少しのせると、一気にしゃれて見えますよ。すだちやレモンをキュッと絞って、いただきます。

長皿

焼き魚用に購入した長皿ですが、
ワンプレート料理としてもしっくり。
今では我が家のスタメン器になりました。

おめかし塩たま

小腹がすいたときに冷蔵庫からパクッ。
おやつよりもヘルシーで
満足感のある塩たま。
赤大根のふりかけで、おもてなし仕様に。

材料 6個分

◎塩たま
　卵（室温に戻す）　6個
　酢　少々
　塩麹、塩　各ひとつまみほど
赤大根のふりかけ（＊参照）

❶ 酢を入れて沸騰したお湯で、卵を7分45秒茹でる。流水をかけながら丁寧に殻をむく。
❷ 保存袋に①と卵が浸かる量の水を入れ、塩麹と塩を加える。海水くらいの塩加減に調整し、一晩漬けて塩たまを作る。
❸ ②を横半分に切り（転がらないようにお尻も少し切る）、赤大根のふりかけをのせる。

＊赤大根のふりかけ
赤大根（1cm）とパクチー（1束）をみじん切りにして、ごま油（大さじ1）と塩（ひとつまみ）で和える。

塩たまは塩分で黄身が少しずつ固まり、味も濃くなるので、2日後からは水を捨てて保存を。

鶏そぼろのおにぎり

おにぎりの具やそぼろ丼、レタスで巻いてみたり。なにかと使える鶏そぼろは、冷蔵庫にストックしておくととっても便利。

材料 1人分

◎鶏そぼろ
　鶏ひき肉　180g
　生姜（すりおろす）　1かけ
　清酒　45mℓ
　みりん・醤油　各30mℓ
　甜菜糖　大さじ1
炊いたごはん　適量
海苔　1枚

❶ 鍋にすべての材料を入れ、弱めの中火にかける。菜箸でよくかき混ぜながら、汁気が飛ぶまで煮て、鶏そぼろを作る。
❷ 鶏そぼろを具にして、おにぎりを握る。

●切り干し大根のツナマヨサラダ→p.50 参照
●柚子胡椒の鶏から揚げ→p72 参照

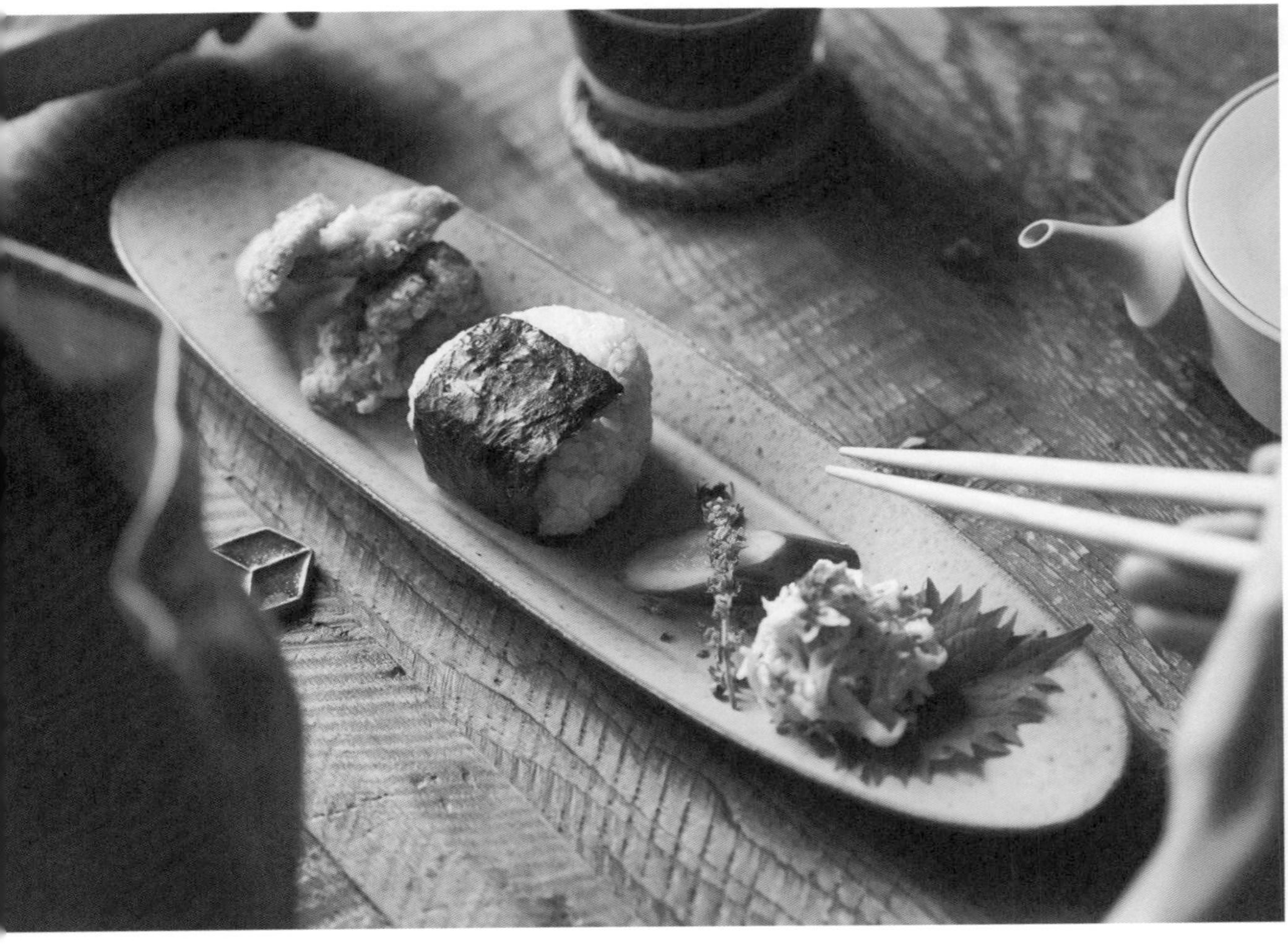

どんぶり

小ぶりのどんぶりは、
丼ものだけではなく、
おかずや汁ものにもぴったり。

とろ〜り卵の親子丼

中はふんわり、表面はとろ〜り。
卵の火の入り方にこだわった
私の親子丼。
溶いた卵を2回に分けて
入れることがポイントです。

材料 1人分

A
- 出汁　70mℓ
- みりん　大さじ2½
- 醤油　大さじ1
- 酒　大さじ½

玉ねぎ（薄いくし切り）　⅙個
鶏もも肉　80g
卵　2個
炊いたごはん　適量
三つ葉（ざく切り）　適量

❶ 鍋に**A**を合わせて中火にかけ、玉ねぎがくたっとなるまで煮る。
❷ ①にひと口サイズに切った鶏肉も入れて、火が通ったら強火で煮立たせる。溶き卵を2度に分けながら、回し入れたらすぐ火を止め、余熱でふんわりさせる。
❸ どんぶりにごはんをよそい、②をのせたら三つ葉を飾る。

大根はピーラーでスライスすると、簡単にひらひらと薄く仕上がります。味噌汁や鍋料理にもおすすめ。

ひらひら大根とあさりのスープ

ピーラーでひらひらにした大根は、火の通りが早い上、あさりの旨味がギュッと染み込む。今すぐ食べたい！ってときはこれに限ります。

材料 2人分

あさり（砂抜きしておく）　300g
大根　⅓本
生姜（みじん切り）　1かけ
ニンニク（みじん切り）　½かけ
ごま油　大さじ1½
清酒　50mℓ
水　500mℓ
魚醤　小さじ1½
青ネギ（小口切り）、糸唐辛子、黒胡椒　各適量

❶ 大根は皮をむいて縦半分に切り、ピーラーでリボン状にスライスする。
❷ 鍋にごま油を中火で熱して生姜とニンニクを炒めたら、あさりと酒を加え、蓋をして蒸す。
❸ あさりの殻が開いたら、水を注いで沸騰させる。大根を入れて3〜4分煮て、魚醤で味を調整する。どんぶりによそい、ネギと糸唐辛子をのせ、黒胡椒をたっぷりひく。

丸皿

料理を優しく美味しく見せる、若草色が綺麗な丸皿。うちの食器棚には、薄緑系の器が多く並びます。

洋風タコめし

タコの歯応えがクセになるチャーハン。しらすの塩分が美味しさを左右するので、しらすを入れた後に必ず味見を忘れずに。

材料 1人分

タコ　80g
A｜オリーブオイル　大さじ1 ½
　｜ニンニク（みじん切り）　1かけ
炊いた玄米ごはん　180g
ミニトマト（4等分に切る）　8個
しらす　20g
大葉（みじん切り）　10枚
塩、胡椒　各適量
ハーブ（ディル、チャービル）　お好みで

❶ フライパンを弱火にかけ、**A**を入れて香りを立たせたら、小さく切ったタコを入れて中火で軽く炒める。
❷ ごはん、ミニトマト、しらすも入れて炒め、塩、胡椒で味を調整する。
❸ 火を止めてから大葉をどっさり入れ、さっと和える。刻んだハーブを全体に散らす。

喫茶店風カレー

丸く型取ったごはんに、
パッと鮮やかなつけ合わせを
トッピングすれば、
お店のようなカレーに早変わり。

材料 1人分

カレー（市販でもOK）
炊いたごはん　適量
塩たま（p.54 参照）　1個
赤玉ねぎのマリネ（＊参照）　適量
ハーブ（パセリ、チャービル）　各適量

❶ 丸いカップでごはんをドーム型にしてから器に移し、カレーをその周りによそう。
❷ 横半分にカットした塩たま、赤玉ねぎのマリネ、ハーブを飾る。

＊赤玉ねぎのマリネ
スライスした赤玉ねぎ（¼個）を1分茹でる。白ワインビネガー・ホワイトバルサミコ（各大さじ3）と、水（大さじ2）を煮詰めて軽く酸味を飛ばしたら、熱いうちに水をよく切った赤玉ねぎを漬け込む。

Pick up!

お取り寄せカレー

鎌倉でカフェ『Jenteco LABO』を営む友人が作る、まろやかな欧風カレーが大好物。ホロホロに煮た牛すじがたっぷり入っています。お店のインスタグラム（_shigeo/ymmt_）からオーダーしています。

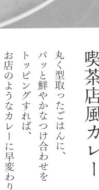

揚げものは正義なのだ

揚げたてのカリカリをハフハフしながら頬張る幸せよ。味見って最高！と、ついつい手が伸びてしまう。から揚げにポテトに春巻きに……お酒にもごはんにも合う揚げものは、我が家のホームパーティでは欠かせないメニューです。揚げものをするときの私のこだわりは、フライパンに2㎝ほどの少ない油で揚げること。そして毎回、新鮮な米油を使い、油に食材を入れたら、あまり触らないでじっと待つこと。これだけで美味しく簡単に仕上がるんですよ！

お肉の代わりに作った車麩のから揚げは、表面はカリっとして、かじるとじゅわ～。「もう1個食べたい！」とみんなの箸が伸びる私の十八番です。漬け込み時間はいらないし、ヴィーガン料理ってところもポイント。ざくざくフライドポテトは、インスタグラムにアップしたら驚くほど反響があり、ちょっとしたムーブメントにもなりました。それから、どんなときでも頼れて便利な、出番の多い春巻き。具を包んでから冷凍庫にストックしているので、急な来客時でもさっと揚げられるようにしています。

食卓にひと品、揚げたてのお皿が加わるだけで、こんなにもご馳走感が出る。ひとつふたつ、自分のレパートリーに入れておけば、アレンジが効くし、強い味方になってくれるはずです。

ざくざくフライドポテト

ローズマリーを一緒に入れて揚げるポテト。
油はフライパンに 2cm で簡単に揚がります。
⇒レシピは p.64

ざくざく フライドポテト

手で割ったじゃがいもは、
表面をしっかり乾かすこと！
冷たい油からゆっくり揚げると
カリカリ＆ほくほくに仕上がります。

材料 3～4人分

じゃがいも（男爵）　4～5個
揚げ米油　適量
ハーブ（ローズマリーやタイム）、
粗めの美味しい塩、レモン　各適量

❶ 洗ったじゃがいもを、皮付きのままアルミホイルに包み、180℃のオーブンレンジで約50分。（蒸したり、レンジでチンでもOK）
❷ 竹串がスーッと刺さったら、少し冷ましてからひと口サイズに手で割る。断面を上にして1～2時間置き、しっかり水分を飛ばす。
❸ 油にハーブとじゃがいもを入れてから火をつけ、180℃で揚げる。こんがりキツネ色になったらバッドにあげ、塩をしっかり振って、食べる直前にレモンを絞る。
※じゃがいもは、②でしっかり乾かしてから冷凍保存しておくと、揚げるときに楽ちん。

車麩のから揚げ

合わせ調味料を吸わせた車麩は
味見をしてしょっぱさを確かめて。
さらに、片栗粉で蓋をするように
しっかりつけると油っぽさが回避できます。

材料 2人分

車麩　6枚
A｜生姜（すりおろす）　1かけ
｜ニンニク（すりおろす）　1かけ
｜ごま油　大さじ1
｜出汁醤油　大さじ2
｜塩　ひとつまみ
｜みりん　大さじ1
片栗粉、揚げ米油　適量
ハーブ（ディル）　適量
レモン　1/4個

❶ 車麩をふやかすように湯で戻した後、水気を軽く絞り、食べやすい大きさに手でちぎる。
❷ **A**をボウルに合わせ、そこに車麩をスポンジのようにギュッギュッと何度も押し戻して、**A**をしっかり吸わせる。
❸ 片栗粉を②にすき間なくしっかり2度づけする。180℃の油でカラリと揚げたら、ディルとレモンを添えて。

車麩の水分を切るとき、残った水分が味の鍵に。絞り過ぎるとパサパサになるので、少し水気が残るぐらいが丁度いい。

Thanks!

豚肉と梅と大葉の細春巻き

豚肉のじゅわ〜とした甘みと、梅の酸味が絶妙。豚肉は火が通りやすいしゃぶしゃぶ用を使います。

材料 10本分

梅干し　4個
A｜味噌　小さじ1
　｜みりん　大さじ1
　｜すりごま　大さじ1
豚肉ロース（しゃぶしゃぶ用）　170g
春巻きの皮　10枚
大葉　10枚

❶ 梅干しの種を取って包丁で叩き、**A**とよく混ぜて梅肉味噌を作る。
❷ 春巻きの皮に大葉を敷き、豚肉2枚をのせ、梅肉味噌（小さじ1）を塗ってから、表示通りの巻き方で少し細めに包む。
❸ 160℃の油で揚げ、ゆっくり温度を上げながらキツネ色になるまで揚げる。

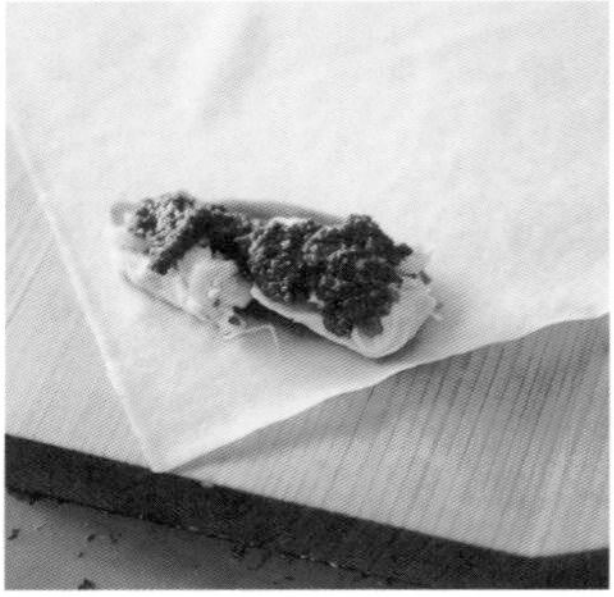

ささみと大葉チーズのジェノベ春巻き

鶏肉は先に火を通すので、高温にして短時間でカラッと春巻きを揚げるのがコツ。チーズがとろ〜り溶けますよ。

材料 10本分

鶏のささみ　200g
清酒　少量
プロセスチーズ（切れてるタイプ）　8枚
大葉のジェノベーゼ（p.96参照）　適量
春巻きの皮　10枚
バジル　10枚

❶ 酒を入れて沸騰した湯で、ささみを1分半ほど茹でる。火を止め、余熱で中までしっかり火を通したら、冷ましてから手でほぐす。
❷ チーズ8枚を重ね、縦に4等分に切る。
❸ 春巻きの皮にバジルを敷き、ささみ→チーズ→ジェノベーゼ（小さじ1）の順に重ねてから、表示通りの巻き方で包む。170〜180℃の油でキツネ色になるまで揚げる。

サバカレーとチーズの三角春巻き

三角形にアレンジした小さめ春巻き。
カレーの香りが食欲をそそり、
パクパク手が止まりません。

[三角春巻きの包み方]

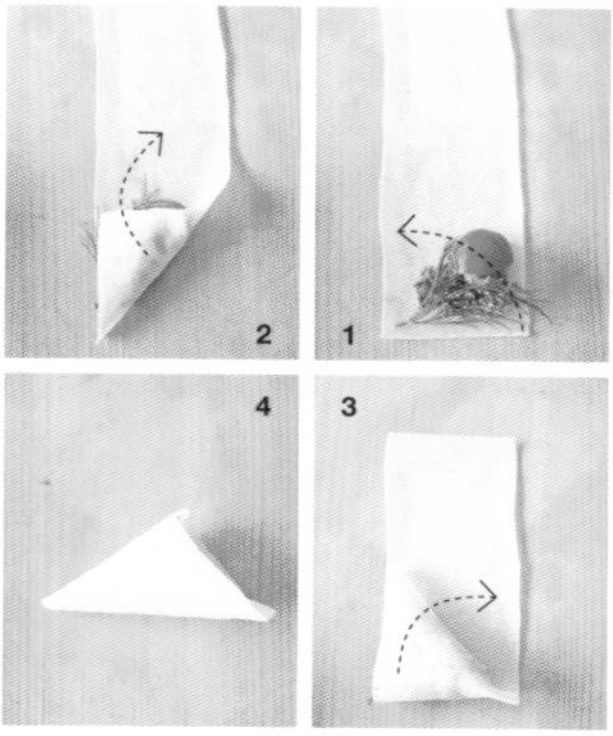

春巻きの皮を⅓の細さに切る。右手前に寄せて具をのせたら、三角形になるようにパタンパタンと折って包んでいく。

材料 20個分

サバの水煮缶　1個
カレー粉　大さじ1½
カッテージチーズ　80g
ミニトマト（半分に切る）　10個
ハーブ（イタリアンパセリ、ディル）　適量
春巻きの皮　7枚

❶ サバ缶は汁を切り、ボウルに入れてほぐしておく。カレー粉、カッテージチーズを入れ、ディルを少し手でちぎってよく混ぜる。
❷ 細く切った春巻きの皮に、①とディル、ミニトマトをのせて、三角形に包む。
❸ 160℃の油で揚げ、ゆっくり温度を上げながらキツネ色になるまで揚げる。

牡蠣と春菊の春巻き

生牡蠣が手に入らない場合は、水煮の缶詰で代用を。お酒がすすむ、滋味深い春巻きです。

材料 10本分

生牡蠣　300g
片栗粉　適量
塩　適量
清酒　100mℓ
A｜塩、粉山椒　適量
｜生姜（みじん切り）　1かけ
｜オイスターソース　大さじ1½
春菊の葉　適量
海苔（約6cm角に切る）　10枚
春巻きの皮　10枚

❶ 生牡蠣は、片栗粉と塩をまぶしてから水でよく洗い、キッチンペーパーで水分を取る。
❷ フライパンに牡蠣と酒を入れて酒煎りする。水分を飛ばしたら**A**も混ぜて火を止める。
❸ 春巻きの皮に、海苔1枚、手でちぎった春菊、冷ました牡蠣を1～2個のせて表示通りに巻いて包む。160℃の油で揚げ、ゆっくり温度を上げながらキツネ色になるまで揚げる。

やっぱり
ビールが好き

どんなお店に行っても、1杯目は必ずビール。クラフトタイプも海外産も美味しいけれど、やっぱり1番は、飲み慣れた日本のビールです。さらに、星が目印の黒ラベルが大好物。瓶ビールならなお良し(笑)。冷蔵庫で冷やした缶ビールをプシュッと開け、ひとりでゆるゆると料理を始める。お行儀は良くないかもしれないけれど、この時間に幸せを感じているもうすぐ38歳、アラフォーです。

ビール党の私なので、作る料理もお酒を意識したレシピが多い。揚げものは鉄板中の鉄板。ついつい食べすぎてしまうので、揚げ油は常に新鮮にして胃もたれを防いでいます。揚げものをしながら同時に作るのは、季節の柑橘のサラダ。味のキーになるピスタチオの殻をむきながら、ちびちびと台所でつまみ食い。これがまた、呑んべえにはたまらないんです。冷蔵庫で冷やしてあるマカロニサラダは、たっぷり胡椒をひいて大人好みに。よく行く大衆もつ焼き屋さんで、ひとりで何度もおかわりしてしまうほど好きなメニュー。味を思い出しながら、勝手に再現したひと品です。がっつり系からさっぱり軽いものまで口いっぱい頬張って、またビールでクッと流し込む。この1杯が美味しいと思えたら、私は今日も元気だ!(笑)。ビールは私にとって、元気のバロメーターなのかもしれないな。

PASTEL d'Occitanie のカーディガン・中に着たサーマル、R.ALAGAN のピアス

SAPPORO
黒ラベル

柚子胡椒の鶏から揚げ

柚子胡椒が効いた大人のから揚げ。味つけした鶏肉は冷凍保存しておくと、食べたいときにすぐ作れて便利です。

材料 3〜4人分

鶏もも肉 300g

A
- 柚子胡椒　小さじ2
- 清酒　大さじ2
- 塩　ひとつまみ
- 出汁醤油　小さじ2
- 生姜（すりおろす）　½かけ
- ニンニク（すりおろす）　½かけ
- ごま油　大さじ1

米油、片栗粉　各適量

❶ ボウルに**A**を合わせ、鶏肉を入れてよく揉み込む。

※ひと晩おくと味がよく染みます。

❷ ①の汁気を切り、片栗粉をしっかりつける。160℃の油でゆっくりと揚げ、火が通ってきたら200℃に上げて、カリッと揚げる。

片栗粉をつけるときは、野田琺瑯の深めのバッドに入れています。残った粉は、蓋をしてそのまま冷蔵庫に保存して、次回使います。

大人のマカロニサラダ

ビールのおつまみに
よく合うマカロニサラダ。
隠し味は、スモークチーズ！

材料 4人分

マカロニ　70g
卵　2個
ベーコン（細切り）　50g
きゅうり（薄切り）　1本
スモークチーズ（サイコロ状に切る）　45g
マヨネーズ　大さじ5
塩、黒胡椒　適量

❶ 沸騰した湯で卵を9分間茹で、殻をむいて粗めに潰す。マカロニは表示通りに茹でる。
❷ ベーコンは、油をひかずにフライパンでカリカリに焼く。
❸ きゅうりは塩揉みをして水分を出し、ぎゅっと水気を切る。材料すべてをボウルでよく和える。仕上げに黒胡椒をたっぷり削る。

季節の柑橘サラダ

冬はみかん、春はオレンジ、
夏はグレープフルーツなど
柑橘果物は季節で楽しみます。

材料 1人分

柑橘果物　1個
ピスタチオ　15粒ほど
塩　ひとつまみ
オリーブオイル　大さじ1½

❶ 柑橘果物は皮を綺麗にむいて器に盛る。
❷ 殻をむいて砕いたピスタチオと塩を、①にまぶし、オリーブオイルを回しかける。

上：出西窯の豆皿／下：佐々木康弘さんのリム皿

柚子胡椒入り
ヤムウンセン

タイ料理で人気のヤムウンセンは
温かいまま食べるのが本場流。
柚子胡椒で味を締めるのが好き。

材料 2人分

むきエビ　70g
清酒　適量
春雨　40g
パクチー　2束
A｜魚醤、酢、清酒、レモン汁、
　ライム汁　各大さじ1
　甜菜糖　小さじ1
　柚子胡椒　少し
豚ひき肉　30g
B｜ごま油　大さじ1
　生姜（みじん切り）　適量
　ニンニク（みじん切り）　適量
セロリ（薄切り）　½本
パプリカ（細切り）　¼個
ライム　¼個

❶ エビは塩と片栗粉（分量外）で揉み洗いし、酒を入れた熱湯で30秒茹でる。春雨は湯で戻しておく。**A**で合わせ調味料を作る。
❷ パクチーは茎を細かく刻み、葉はちぎる。
❸ フライパンを中火にかけ、**B**を入れて香りを立たせてから、豚ひき肉を入れて炒める。
❹ さらにセロリとパプリカ、パクチーの茎、①を入れて火を通す。食べる直前にパクチーの葉をのせ、ライムを絞る。

ゴロッとキャベツとソーセージのサブジ

スパイスと一緒に野菜を炒め蒸しする、インドではポピュラーなサブジ。芯つきキャベツを豪快に焼いて私流に。

材料 1人分

キャベツ　⅙個
A ｜オリーブオイル　大さじ2
　｜ニンニク（潰す）　1かけ
　｜クミンシード　小さじ1½
アンチョビ　2枚
ソーセージ　2本
白ワイン　½カップ

❶ キャベツは芯つきのまま縦に切る。
❷ フライパンに**A**を入れ、弱火で香りを立たせてから、アンチョビを入れて軽く炒める。
❸ ソーセージを入れ、キャベツは断面を下に置いて、中火でこんがり焼く。焼き目がついたら、白ワインを入れて蓋をして、3分ほど蒸し煮する。

　Ballarini のアルミパン、クチポールのカトラリー

美味しいワインで「アペロしよう!」

ここ数年で知った、海の向こうの習慣。フランスやイタリアなどの欧州には「アペロしよう!」、そんな誘い文句があります。アペロとは、食前酒を意味するフランス語の〝アペリティフ〟からきた言葉だそうで、食事前の軽く1杯の時間、ということ。サクッと飲んでからディナーに行こう、そんな感覚で仲間を誘うんだそうです。日本ではなんとな〜く、早い時間から飲むお酒は少し肩身が狭かったけれど、アペロという魔法の言葉のおかげで、呑んべえの私も、堂々と昼からグラスを傾けられるようになりました(笑)。

ビール以外に大好きなお酒のナチュラルワイン。それは〝ヴァン・ナチュール〟と呼ばれ、化学肥料や除草剤を使わずに、有機栽培で育てたぶどうで作られた自然派ワインのこと。畑の風土や生産者さんの背景が見える、個性のあるワイン。大量生産ができないし、状態の良し悪しも読めないけれど、その魅力的な個性にどんどんハマっていきました。なんと言っても、不純物が混じっていないので、飲み疲れしないし頭が痛くならないのもいいところ。今ではワインは、必ずナチュラルワインを選ぶようになりました。お昼と夜の間、美味しいワインを買って、簡単なおつまみを作って「おうちでアペロしよう!」。そんな時間も最近、楽しんでいます。

リピートして購入するほど大好きなナチュラルワイン。左からレコステ　リトロッツォ・ロザート（ロゼ）、マシエリ　ラ　ビアンカーラ（白）、ゼロインフィニティ（微発砲　白）、タマリエ（微発砲 白）です。いつも Web や相模屋本店で買っています。

ひらひら
ズッキーニのサラダ

細長くスライスしたズッキーニは、
オイルコーティングしてから塩を加えて。
水分が出にくくなって、
ベチャベチャしませんよ。

材料 2人分

ズッキーニ　1本
大葉　5枚
バジル　5枚
塩　ひとつまみ半
オリーブオイル　大さじ1½
パルミジャーノチーズ　適量

❶ ズッキーニをスライサーで薄いリボン状にし、大葉とバジルは手でちぎって一緒にボウルに入れる。
❷ ①にオリーブオイルを和え、塩で味を調整する。器に盛ってパルミジャーノチーズを削る。

タコとセロリのマリネ

酸っぱいのがお好みな人は、
白ワインビネガーを多めに入れて。
微発泡の白ワインと一緒にどうぞ。

材料 2人分

タコ（刺身用）70g
セロリ　1本
A
- 白ワインビネガー　大さじ1
- 塩　ふたつまみ
- レモン汁　½個分
- オリーブオイル　大さじ2

ハーブ（ディル）　適量
ピンクペッパー　適量

❶ タコは小ぶりのひと口サイズに切る。セロリの皮はピーラーでむき、茎は薄切り、葉（3枚）はみじん切りにする。
❷ ボウルに①と**A**をよく和える。ディルと指先で潰したピンクペッパーを散らす。

鮭のピンク色南蛮漬け

漬けた鮭は冷蔵庫で数時間ほど寝かせたほうが、味が馴染んで、ぐっと美味しくなります。

材料 1人分

オリーブオイル　大さじ1
ニンニク（潰す）　1かけ
赤玉ねぎ（細切り）　1個
松の実　10g
紅くるり大根（細切り）　2cm
紅しぐれ大根（細切り）　2cm
レーズン　50g

A
- 水　50mℓ
- 酢　50mℓ
- 甜菜糖　大さじ1½
- 塩　ふたつまみ
- 白ワイン　30mℓ

鮭の切り身　2枚
塩、片栗粉　各適量
ハーブ（イタリアンパセリ）　適量

❶ フライパンにオリーブオイルとニンニクを熱し、赤玉ねぎ、紅大根、松の実を炒める。火が通ったらレーズンを加え、**A**を入れて好みの酸っぱさまで煮詰める。
❷ 半分に切った鮭に塩を振ってから片栗粉をまぶし、180℃でこんがりと揚げる。**A**に漬け込み、冷蔵庫へ。食べる直前に刻んだイタリアンパセリを散らす。

いちじくと
バターのマスカルポーネ

甘じょっぱくてロゼワインに合うひと品。
果物は柿や桃、梨、リンゴなど
季節で変えながら楽しみます。

材料 2人分

大きめのいちじく　1個
バター　15g
塩　ひとつまみ
マスカルポーネチーズ　大さじ1
メープルシロップ　適量
ハーブ（ディル）　適量
ピスタチオ　適量

❶ フライパンにバターを中火で熱し、皮をむいたいちじくを軽くソテーして塩を振る。
❷ お皿に①とマスカルポーネチーズを盛る。メープルシロップを垂らして、ディルと砕いたピスタチオを飾る。
※写真は花入りのハーブ塩も一緒に飾っています。

ピスタチオは厚手の袋に入れ、棒や瓶の底などで叩いて粗く砕いて。

ナンプラーより使える魚醤《ぎょしょう》

あれはたしか、2020年の年明けすぐ。深夜に訪れた立ち飲みイタリアンのお店で出会いました。シェフのお任せでささっと作ってくれた、しらすとスダチのパスタ。シンプルな見た目だけど、小さな店いっぱいに広がる香りがたまらなかった！ ひと口食べると、さっぱりしているのに不思議なコクと風味が広がり、思わずカウンター越しに「なにが入ってるんですか」と聞きました。なにやら、この美味しさの秘密は〝コラトゥーラ〟とのこと。あまりにも感動して、その場で同じコラトゥーラを検索し、ポチッと購入しました。

コラトゥーラとは、魚を発酵させて作ったイタリアの〝魚醤〟です。日本で魚醤といえば、タイのナンプラーが有名ですが、ナンプラーとの決定的な違いは、香り。あの鼻をつくような独特の生臭さはなく、すごくまろやかなんです。エスニック料理は好きですが、正直ナンプラーの匂いが苦手で、少し避けていました。でもイタリアのコラトゥーラや日本産の魚醤を知ってからは、あっという間に私の料理に欠かせないスタメン調味料に。ナンプラーや醤油代わりに使ったり、パスタに混ぜてみたり、アレンジ幅の広さも風味の強さも、さすがのひと言。なくなると哀しいので、我が家は常に1〜2本ストックしています。

私が使っている2本。右：カタクチイワシで作られた、無添加の魚醤『瀬戸内コラトゥーラ』。左：必ず常備している『源次郎左衛門蔵 鮎の魚醤』は値段もお手頃です。

ISABEL MARANT ÉTOILE のワンピース、Sea'd mara のピアス

魚醤のカルボナーラ

フライパンも生クリームも、使いません。
楽チン&罪悪感ゼロのカルボナーラ。
卵とパスタと魚醤で作る、
〝洋風版・卵かけごはん〟です。

材料 1人分

パスタ　80g
水、塩　適量
A
- 魚醤　大さじ1
- オリーブオイル　大さじ2
- 卵黄　1個

パルミジャーノチーズ　適量
黒胡椒　適量

❶ 水に対して1%の塩を入れた熱湯で、表示通りにパスタを茹でて、水を切る。
❷ ボウルに熱々のパスタと**A**をよく和え、チーズ、黒胡椒をたっぷり削る。

魚醤のガパオ風ライス

ナンプラーの代わりに魚醤を、
ガパオの代わりにバジルを使って
まろやかな香りに仕上げました。

材料 2人分

オリーブオイル　適量
ニンニク（みじん切り）　1かけ
玉ねぎ（みじん切り）　½個
豚ひき肉　180g
赤パプリカ（荒いみじん切り）　¼個
黄パプリカ（荒いみじん切り）　¼個
人参（すりおろす）　小1本分
A ｜魚醤、オイスターソース 各大さじ1½
　｜みりん、清酒　各大さじ1
バジル（手でちぎる）　10枚
炊いたごはん　適量

❶ フライパンにオリーブオイルを入れて中火にかけ、ニンニク、玉ねぎ、豚ひき肉を炒める。火が通ったらパプリカ、人参も加えて炒め、**A**を入れて味つけする。
❷ バジルを入れてさっと混ぜたらすぐ火を止め、ごはんの上に盛り、バジルの葉を飾る。

魚醤の漬けマグロ

漬けマグロは醤油ではなく、
魚醤でちょっぴりエスニック風味に。
赤玉ねぎのマリネと合わせてどうぞ。

材料 2人分

マグロの刺身　1パック(8切れ)
A | 魚醤　大さじ2
　| みりん　大さじ2
　| 清酒　大さじ2
　| 水　大さじ1
赤玉ねぎのマリネ(p.59参照)　適量
レモン　1/4個
オリーブオイル　適量

❶ **A**を弱火で軽く煮詰めた後、保存容器に冷ました**A**とマグロを入れて冷蔵庫で1時間漬け込む。
❷ ①を器に盛り、冷やした赤玉ねぎのマリネを上にのせる。レモンを絞り、オリーブオイルを回しかけ、削ったレモンの皮を散らす。

鶏手羽先とカブの魚醤バター炒め

魚醤とバターを合わせてみたら、相性の良さにびっくり。それからは、我が家の定番の組み合わせになりました。

材料 2人分

鶏の手羽先　8本
塩、胡椒　各適量
バター　20g
ニンニク（潰す）　1かけ
カブ　2個
パクチー　1束

A	清酒　120mℓ
	水　100mℓ
	魚醤、みりん　各大さじ1½

❶ 皮をむいたカブを4等分にくし切りし、カブの葉とパクチーは刻んでおく。
❷ 手羽先は軽く塩・胡椒をして下味をつける。
❸ フライパンにバターを入れ、中火でニンニクと手羽先をこんがりと焼いてから、カブを入れてさらに炒める。
❹ **A**を入れて弱火で10分ほど煮る。仕上げにカブの葉とパクチーを散らす。

私のリピ買い調味料

調味料は体に良くて、美味しいものを。
調味料にこだわったら、料理の腕もちょっぴり上がりました。

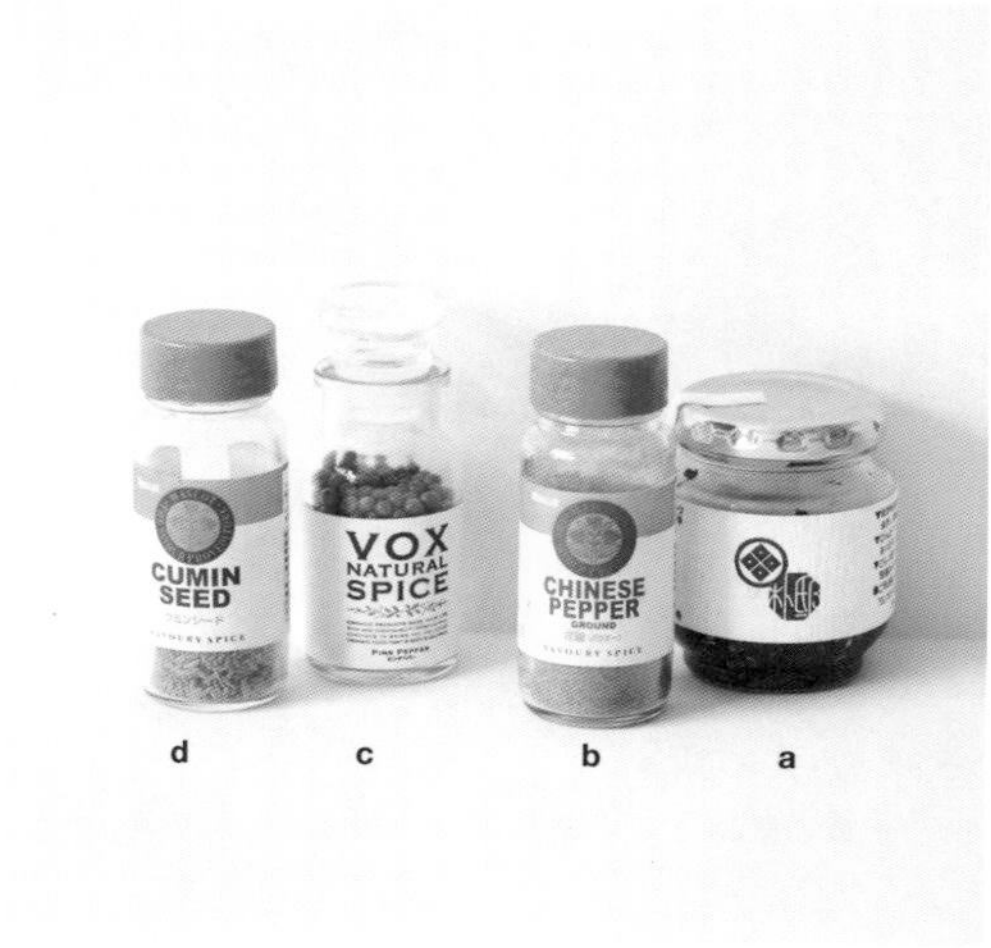

a　韓国海苔の佃煮
恵比寿にある韓国料理屋『入ル（いる）』で買っている海苔の佃煮。ごま油の風味と食感がいい。ごはんのお供としても最高！

b　花椒（ホアジャオ）のパウダー
さわやかな風味と香りで、炒めものによく入れます。エスニック、中華、和食といろんな料理にも。今回は牡蠣の春巻きに使用。

c　ピンクペッパー
色のアクセントとして使うことが多いピンクペッパー。カルパッチョやサラダを華やかに。辛くもなく、香りがとてもいい。

d　クミンシード
少し入れるだけで異国風に。ラペやサブジ、カレーはもちろん炒めものにも。辛くないから使いやすく、スパイシーでコクが出る。

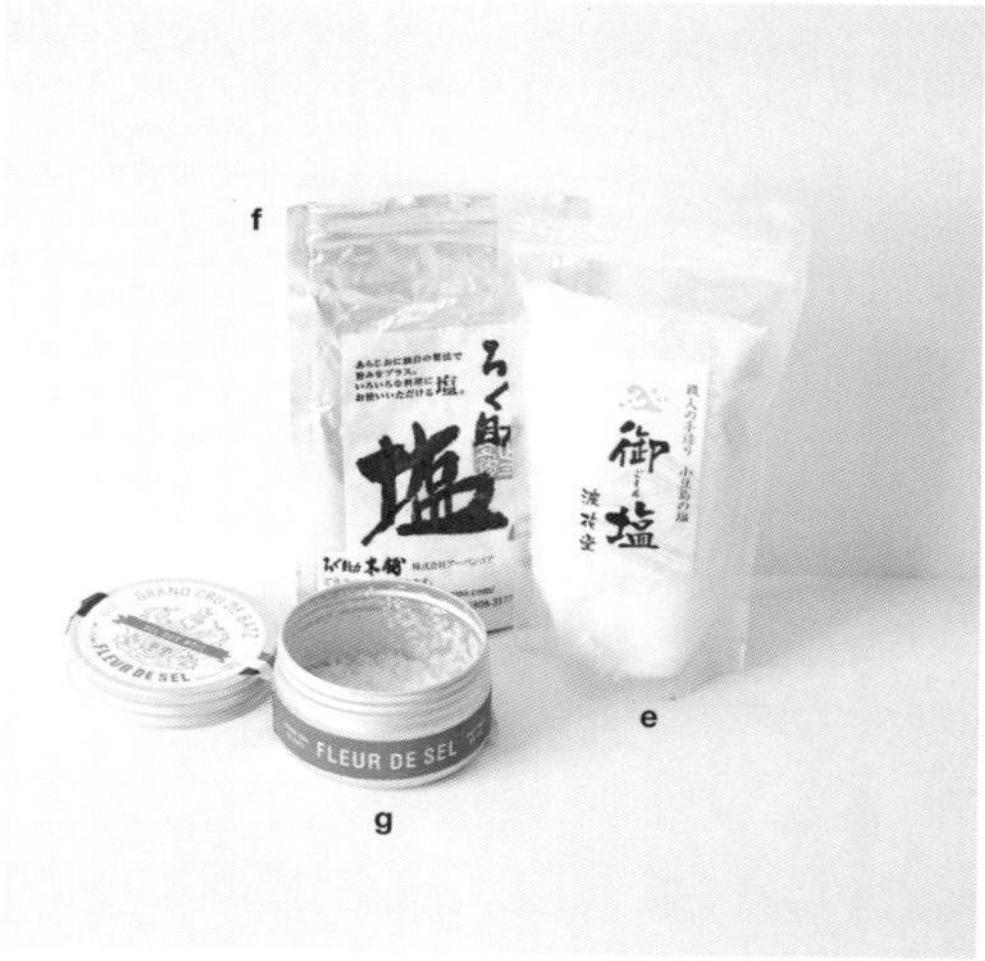

e　小豆島の御塩（ごえん）
ほんのり甘みがある海塩。塩揉みするときや和えものなど、料理全般に使える万能塩。具入りおにぎりにはこちらを使ってます。

f　ろく助のあら塩
ステーキにつけたら美味しくて、買い始めた塩。昆布と椎茸、ホタテのエキス入り。具なしの塩むすびはこちらを使ってます。

g　フランスのお塩
パリの百貨店『ル・ボン・マルシェ』で購入した燻製塩「グラン クリュ フルール ド セル フュメ」。粗めの粒です。

h　オリーブオイル

右：「ラガエタ・アルベキーナ・プレミアム」は生が美味しい。サラダや和えものに。左：「ラガエタ・エンペントレ・プレミアム」は炒めものを作るときの加熱用に。

i　ごま油

右：「太白胡麻油」は加熱用に。数を間違えて購入して、現在８本もストックがあります(笑)。左：和えものなど非加熱のときは、『油茂製油』の玉締め「純正胡麻油」。

j　米油

数年前から変わらず、揚げものには必ず米油を。カラッと揚がって、時間が経っても美味しい。常にストックしています。

k　ラー油

『油茂製油』の「ごま油で作ったラー油」。お土産で頂いてからリピート。旨味があって、少し入れるだけで本格的な味に。

i　だし醤油

『鎌田醤油』のだし醤油。お醤油だと辛くなってしまったりするけれど、味がやわらかいから使いやすい。コスパもいいです。

m　小笠原味醂

プレゼントで頂いて以来リピート。マイルドな甘さで本当に美味しい。お出汁や煮物の味が本格的なものに変わります！

n　酢

友人からのおすすめで使ってみたら美味しかったお酢２本。右：「玉姫」はほんのり甘く、お酢のツンとした感じがないんです。左：「千鳥酢」は少し酸味が強いので、パンチを出したいときに。煮詰める料理にはこちらを使うことが多いです。

食欲をそそる赤い料理

世界中で、赤い色は幸福と健康のシンボルなのだそう。赤い服を着ていると、明るい印象に見えたり、楽しそうだねと褒められることがありました。赤って、ポジティブな気持ちにさせたり、食欲を増進させるとも言われています。

料理の中で赤い食材と言ったら、代表的なのはトマト。リコピンたっぷりで抗酸化作用がある、馴染みのある野菜です。緑との相性も抜群だから、サラダにも欠かせません。お料理が一気に明るくなってイキイキするし、赤を足すだけでアクセントにもなるので、我が家では登場回数も多い。大ぶりのトマトを使うときは、だいたい細かく刻んでトマトソースやミートソースにしていたけれど、以前お店で食べたトマトのおでんからヒントをもらって、丸ごとトマトを入れたお鍋を作ってみました。肉味噌ベースのスープの中に、湯むきにしたトマトをそのままドボン。友人を招いたごはん会で出してみたら、とにかく大好評！トマトを崩しながら、みんなでわいわいと食べたら、あっという間になくなりました。それと、まんまるのフォルムが可愛くて、写真映えするのもいいみたい(笑)。

食欲とワクワクのスイッチを入れてくれる赤い料理、大勢でテーブルを囲みたいときにおすすめです。

丸ごとトマト鍋

パーティで盛り上がるトマトのお鍋。〆は、残ったスープに中華麺とラー油を少し入れると最高です。

材料 2人分

トマト　2個
パクチー　お好みで

◎スープ
ごま油　大さじ1
A｜生姜(みじん切り)　1かけ
｜ニンニク(みじん切り)　1かけ
｜豆板醤　小さじ1
味噌・オイスターソース・甜菜糖・
練りごま・日本酒　各大さじ1
水　600mℓ

◎肉味噌
ごま油　大さじ1
生姜(みじん切り)　½かけ
ニンニク(みじん切り)　½かけ
豚ひき肉　170g
しいたけ(みじん切り)　2個
B｜清酒　大さじ2
｜オイスターソース・甜菜糖　各大さじ1
｜黒胡椒・花椒　各少々

❶ トマトはヘタの部分にフォークを刺し、沸騰した湯に20秒ほど浸ける。皮がめくれてきたら、すぐに冷水につけて皮を優しくむく。
❷ スープを作る。鍋にごま油と**A**を入れて中火で軽く炒める。残りの材料も入れ、そのまま煮立たせる。
❸ 肉味噌を作る。フライパンにごま油を熱し、生姜、ニンニクを入れて香りを立たせたら、豚ひき肉、しいたけを入れて中火で炒める。火が通ったら**B**で味つけをする。
❹ ②に湯むきしたトマトを丸ごと入れ、少し煮立せてたらパクチーを入れる。食べる直前に肉味噌をのせる。

真っ赤なイカのフェ

フェとは、韓国語で刺身のこと。
酸っぱ辛い真っ赤なタレと和えれば
お酒が進んじゃいますよ。

イカはカットされている刺身用パックを使うと簡単。タコや鯛で作ることも。

材料 3人分

刺身用のイカ　1～1.5杯
きゅうり　1本
大根　3cmくらい
A
- コチュジャン　大さじ3
- 酢　大さじ3
- ごま油　大さじ2
- はちみつ　小さじ2
- 醤油　大さじ1
- 生姜（すりおろす）　½かけ
- ニンニク（すりおろす）　½かけ
- すりごま・炒りごま　たっぷり

❶ 皮をむき、さばいたイカを細く縦切りにする。きゅうりと大根は太めの千切りにする。
❷ ボウルに①を入れ、**A**とよく和える。

ひとクセある緑野菜を
ジェノベーゼに

近所のイタリアンで食べた、ほろ苦く香り高い、セロリのジェノベーゼパスタ。その鮮やかな緑色と、ふわーっと鼻に抜ける風味が衝撃的で、忘れられない一品になりました。その帰り道にふと、ほかの緑野菜で作れないかな～なんて考えたのが、私のジェノベーゼ作りの始まりです。王道はバジルの葉、松の実、ニンニク、オリーブオイルなどをミキサーにかけて作るけれど、大量の葉を使うソースなので、バジルを買うとなると少しばかり高い。家ごはんで使うには、コストパフォーマンスの良いものを……とスーパーで探して見つけたのが、大葉と春菊でした。

大葉には松の実を、春菊にはピスタチオを入れ、材料を少し変えて作ったところ、これが大正解。濃い緑色がとっても綺麗で、パスタはもちろん、お刺身やポテサラ、トーストにも合いました。塩やチーズの量は、途中、スプーンですくって味見を。自分好みに調整していくのも、楽しみのひとつです。料理上手な友人が作っていた、パクチージェノベーゼも気になっているところ。

ちなみにジェノベーゼは、香りやクセが少し強い、緑の葉野菜が向いています。冷蔵庫の中で、くたびれてきた緑野菜があったら、レスキューしてあげるのもいいかもしれませんね。

RITA JEANS TOKYO のサーマルトップス、ATELIER BETON のエプロン、TIFFANY & Co. のピアス

RY DAYS

緑のポテトサラダ

マヨネーズを使わないポテサラは、
春菊とセロリがほろ苦い、大人の味。
いつも多めに作って、冷蔵庫で保存しています。

ジェノベーゼ

材料 各・約240g

◎大葉のジェノベーゼ
大葉　70 枚くらい
塩　小さじ 1
ニンニク（粗く刻む）　1 かけ
松の実　20g
パルミジャーノチーズ　30g
オリーブオイル　120mℓ

◎春菊のジェノベーゼ
春菊　120g（約 3 束）
塩　小さじ 1 ½
ニンニク（粗く刻む）　1 かけ
ピスタチオ　30g
パルメザンチーズ　30g
オリーブオイル　120mℓ

❶ 茎を取った大葉（または春菊）を洗い、しっかり水気を切る。
❷ 材料をミキサーに入れ、滑らかになるまで攪拌する。味見をしながら、塩加減を調整。

上：森山窯のリム皿

鯛のカルパッチョ ジェノベーゼがけ

淡白な白身魚に深みが出るジェノベーゼ。鯛のほんのりピンクと、緑のソースの色合わせがとっても可愛い。

材料 1〜2人分

鯛（刺身用） 1さく
塩 ひとつまみ
オリーブオイル 大さじ1½
ジェノベーゼ（大葉） 小さじ1½
レモン ½個
ハーブ（花穂じそ） 適量

❶ 鯛を薄く切り、全体に塩をまぶして少し置く。出てきた水分をキッチンペーパーで拭く。
❷ ①の鯛をお皿に並べ、ジェノベーゼをかけてレモンを絞る。オリーブオイルを回しかけて、花穂じそを散らす。

材料 3〜4人分

じゃがいも 2個
セロリ（薄切り） 1本
塩 少々
ジェノベーゼ（春菊） 大さじ1½
ピスタチオ（荒く砕く） 適量

❶ セロリは塩で軽く揉んでしんなりさせる。
❷ よく洗ったじゃがいもを、皮付きのまま水から中火で茹で、竹串がスーッと入ればOK。
❸ ②が熱いうちに皮をむき、ボウルで潰す。ジェノベーゼとセロリを入れてよく混ぜ、仕上げにピスタチオを散らす。

下：牧谷窯の練り込み豆皿

春菊のジェノベーゼパスタ

ソースと和えるだけの簡単パスタ。
見た目も味も美味しいから、
週末おうちレストランが
すぐに叶っちゃいますよ。

材料 1人分

パスタ　80g
ジェノベーゼ（春菊）　大さじ1½
パルミジャーノチーズ　適量
レモンの皮　適量
ハーブ（チャービル）　適量

❶ 表示通りにパスタを茹で、水を切る。
❷ ボウルに熱々のパスタとジェノベーゼを入れ、しっかり絡める。
❸ 器に盛ったら、チーズとレモンの皮を削り、手でちぎったチャービルを飾る。

ジェノベチーズの
ピザトースト

ソースが少し余ったとき、
何気に作った緑のピザトースト。
びっくりするほど美味しくて、
朝の定番メニューに昇格しました。

材料 1人分

食パン　1枚
バター　10g
ジェノベーゼ（大葉）　大さじ1
ピザ用チーズ　適量

❶ 食パンにバター、ジェノベーゼを塗る。
❷ チーズをたっぷりのせて、オーブントースターで焼く。

ほっとくだけで美味しい肉料理

肉のかたまりなんて、数年前まで買ったこともなかったし、ひとり暮らしの自分には多すぎて、どうやって食べればいいのかもわかりませんでした。けれどこの数年で、友人がうちに集まったり、料理のお仕事で振る舞うことが増え、かたまり肉を使うことが多くなりました。お肉はいつも買ってきてすぐに下味をつけ、冷蔵庫で寝かせておきます。そのあとは、肉の臭みを消してくれる香味野菜をお鍋に一緒に入れ、火をつけて放っておくだけ。手もかからないし、豪華に見えるし、これだけで美味しい料理が完成するなんて！　とその魅力と便利さに気づきました。

失敗なく美味しく作るポイントはふたつ。まずは、お肉は安い外国産ではなく、必ず国産にすること。お肉の臭みがなく、少し良いものを選びます。４００ｇで千円くらいなら、間違いないはず。ふたつ目は、下味をつけるときのお塩や塩麹も、美味しいものを使うこと。とにかくシンプルで簡単な料理なので、素材や調味料の味がカギとなります。少し値が張るけれど、そこはケチケチせずに買うのがポイントですよ。茹でたお肉はスープに漬け込んでストックすると、パサパサにならず、しっとり食べられます。残ったスープは塩、胡椒で味を整えると、とっても美味しいので捨てないでくださいね。

塩豚

大きくて保温力の高い鍋でぐつぐつ茹でるだけでできる、簡単な塩豚。
⇒レシピ：p.102

塩豚

塩豚のポッサム

茹でた豚肉をキムチなどと一緒に、
野菜に巻いて食べる韓国料理。
程良く脂が落ちて、
あっさりジューシーな塩豚です。

材料 3～4人分

豚肩ロースのかたまり　500g

A
- 塩 大さじ1
- 生姜(厚めのスライス)　3～4枚
- ニンニク(潰す)　1かけ
- ねぎの青い部分(約10cm)　3本
- 清酒　1カップ

◎タレ

コチュジャン・醤油・すりごま・甜菜糖　各大さじ2

ごま油・酢　大さじ1½

ニンニク(すりおろす)　小さじ1

サンチュ、エゴマの葉、キムチ　適量

赤玉ねぎのマリネ(p.59参照)　適量

[豚肉の下準備]

豚肉に塩をよく塗り込んでラップで密閉し、さらに透明保存袋に入れて冷蔵庫で3日間ほど、塩が馴染むまで寝かせる。

❶ 厚手の鍋に、豚肉がしっかりかぶるくらいの水と、**A**を入れて沸騰させる。豚肉を入れ、アクを取りながら弱火～中火で1時間ほど煮込む。途中、水が少なくなったら足して。

❷ 竹串を刺して、ピンクの肉汁が出なくなったら塩豚の完成。

❸ 調味料をよくかき混ぜてタレを作る。肉を食べやすい厚さに切り、サンチュ、エゴマの葉、キムチ、マリネ、タレを添える。

塩豚のさっぱりラーメン

塩豚を茹でてできたスープをラーメンにアレンジ。
固まった白い脂は捨てて、
鍋で煮立たせて、塩で好みの味に。

材料 1人分

塩豚のスープ（p.102 参照）　適量
塩　少々
中華麺　1袋
塩豚（p.102 参照）　適量
塩たま（p.54 参照）　1個
パクチー　1束
魚醤　適量

❶ 中華麺を表示通りに茹で、水を切る。
❷ ①の熱々の麺を器に入れて、塩を入れて温めた塩豚のスープを注いでラーメンを作る。
❸ 塩豚、横半分に切った塩たま、ざっくり刻んだパクチーをどっさりのせ、仕上げに魚醤を垂らす。

茹で鶏

しっとり茹で鶏

長い時間煮込まなくても、熱湯に入れてほっとくだけで完成。高タンパクで低カロリーの茹で鶏。

材料　2〜3人分

鶏胸肉　300g
塩麹　大さじ1½
清酒　30mℓ
A｜ねぎの青い部分（約10cm）　1〜2本
｜生姜（厚めにスライス）　1かけ
｜ニンニク（潰す）　1かけ
ハーブ（パクチー、花穂じそ）　適量
ライム　¼個

［鶏肉の下準備］
胸肉は塩麹と酒をよく揉み込んで、冷蔵庫で2〜3時間ほど寝かせる。

❶ 厚手の鍋に、鶏肉がしっかりかぶるくらいの水と、**A**を入れて沸騰させる。鶏肉を入れ、中火で再び沸騰したら火を止める。蓋をして、そのまま冷めるまで放置する。
❷ 水を切った鶏肉を食べやすい厚さに切り、黒胡椒を削り、ハーブとライムを添える。

鶏出汁を効かせた卵白スープ

黄身だけ使う料理のとき、卵白は捨てずに残しておきます。冷凍保存をした茹で鶏のスープと合わせると、あっさり優しい味わいに。

材料 2〜3人分

茹で鶏のスープ（p.104参照） 500g
魚醤 適量
卵白 2個分
黒胡椒・ラー油・パクチー 適量

❶ 温めた茹で鶏のスープに魚醤と黒胡椒を入れ、好みの味に整える。
❷ スープを沸騰させ、よく溶いた卵白を回し入れ、すぐに火を止めて卵をふわふわにする。仕上げにラー油とパクチーを入れる。

Pick up!

スープは冷凍で保存

アレンジの効くスープは、冷凍保存をしておくと便利。繰り返し使えるプラスチックフリーの密閉容器「スタッシャー」に入れています。冷蔵・冷凍保存ができ、レンジ、オーブン、食洗機もOK。

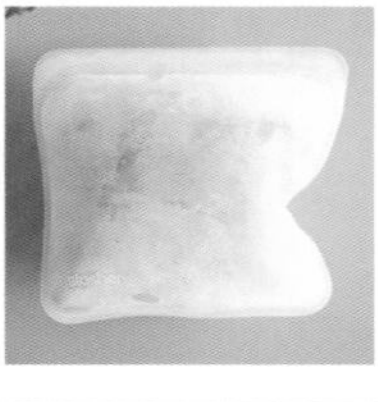

ようこそ、居酒屋みやこへ

今宵のお客さまの顔を思い浮かべて、仕込みをする。
忙しくて野菜食べてないだろうな、
から揚げが好きって言ってたから、多めに作っておこう、
ビールはキンキンに冷やしておかなくちゃ、
ＢＧＭはどの曲をかけようか……。
そんなことを考えて、微笑みながら作る料理。

彩り豊かな小鉢が食卓を埋めていくたび、
ワクワクが膨らむ。
店主の私はごはんもお酒も大好きなので、
みんなと一緒に楽しむスタイル。
でも、最後はスースーと寝てしまい、
いつも宴はそこでおひらき。

ときどき開かれる〝小さな居酒屋みやこ〟、
今宵も良い酔い夜の始まりです。

お品書き

- 塩豚のポッサム
- 鶏手羽先とカブの魚醤バター炒め
- 切り干し大根のツナマヨサラダ
- キャベツのおひたし
- 大人のマカロニサラダ
- 車麩のから揚げ
- 海苔の佃煮モッツアレラチーズ
- アボカド明太
- ひらひらきゅうりとミョウガの和えもの
- 枝豆と塩昆布のナムル
- 〆の塩豚ラーメン

前夜に作っておく料理

事前に作っておいて、当日は温めたり、
切って出すだけ、という料理があると便利です。
当日、お客さんが到着してから揚げものをするので、
その間、前菜として楽しんでもらうことも。

塩豚のポッサム

レシピ ⇒ p.102 参照

酸っぱ辛いコチュジャンダレをたっぷりかけて、レタスに巻いていただきます。塩豚のスープは〆のラーメンに使うので温めておいて。

切り干し大根のツナマヨサラダ

レシピ ⇒ p.50 参照

ちびちび食べれて、シャキシャキの食感も楽しい切り干し大根。失敗なしのお酒に合う副菜です。

上・下：3RD CERAMICS の器

レシピ ⇒ p.87 参照

鶏手羽先とカブの魚醤バター炒め

前日に作っておいて、当日はフライパンで温めるだけでOK。魚醤バターの香りがやみつきになる！

レシピ ⇒ p.73 参照

大人のマカロニサラダ

黒胡椒が効いてお酒が進む、マカロニサラダ。パクパク食べれちゃうので、多めに作っておきます。

キャベツのおひたし

優しい味の出汁に浸したキャベツ。一晩寝かせると味が染み込んで、さらに美味しくなりますよ。

材料 4人分

キャベツの葉　7～8枚

A
- 出汁　300mℓ
- 出汁醤油　大さじ1½
- みりん　大さじ1
- 塩　ひとつまみ

❶ キャベツは芯をくりぬき、外側から優しく剥がして、塩(分量外)を入れた湯でやわらかくなるまで茹でる。少し冷ましてから、1枚ずつクルクルと丸めておく。

❷ 鍋に**A**を入れて煮立たせる。保存容器に①を入れ、ひたひたに**A**を注いで冷蔵庫へ。

　上右：竹村良訓さんのリムボウル／上左：佐々木康弘さんのリム皿／下：牧谷窯の練り込み皿

当日に作る料理

一瞬でできる副菜は当日に作ります。

数品でもひと品、ひと品はすぐできるので苦にはなりません。

揚げたてを味わってほしいので、揚げものは粉をつけておいて、お客さんが到着したらすぐ揚げます。

アボカド明太

一瞬でできるので、急な来客にも対応可。明太子＆ごま油は、叩いたきゅうりやお豆腐にも合います。

材料 4人分

アボカド　½個
レモン汁　大さじ1
明太子（皮をむく）　1腹
ごま油　大さじ1

❶ アボカドは縦にぐるりと包丁を入れ、皮をむいて種を取り、縦に6等分する。レモン汁をかけて変色防止する。
❷ ①にごま油とよく和えた明太子をのせる。

枝豆と塩昆布のナムル

枝豆の皮をむくのが少し面倒だけど、このひと手間はとても大事。口当たりが滑らかになるんです。

材料 4～5人分

枝豆　2袋
塩昆布・ごま油　各大さじ1
煎りごま　適量

❶ 塩（分量外）を入れた熱湯で枝豆を茹でる。
❷ 冷めたらさやから出して薄皮をむき、塩昆布とごま油で和える。炒りごまを振りかける。

上：小澤基晴さんの豆皿／下：佐々木康弘さんの小鉢

ひらひらきゅうりと ミョウガの和えもの

さっぱり爽やかな味の副菜は、箸休めに。レモンの代わりにお酢を入れるのも美味しいですよ。

材料 2人分

きゅうり　½本
ミョウガ　1個
レモン　½個
かつお節　適量
出汁醤油　小さじ1
ハーブ（花穂じそ）少し

❶ きゅうりはピーラーで薄くリボン状にスライスする。ミョウガは細かく切る。
❷ ボウルに①を入れてレモンを絞り、出汁醤油と、かつお節をひとつかみ入れて和える。花穂じそを添える。

レシピ ⇒ p.65 参照

車麩のから揚げ

お腹が満たされるのに、重くならないのは車麩だから。サクサク感がたまりません。

海苔の佃煮 モッツアレラチーズ

のせるだけで完成！　無器用さんでも簡単にひと皿作れちゃう、ビールにもワインにも合うメニュー。

材料 3〜4人分

モッツァレラチーズ　1個
海苔の佃煮　大さじ1½
オリーブオイル　大さじ1
かつお節　適量

❶ チーズに海苔の佃煮をのせ、オリーブオイルをかけたら、かつお節を散らす。

上：青木良太さんの小皿／中：原 洋一さんのリム皿／下：ヴィンテージの小皿

〆の塩豚
さっぱりラーメン

レシピ⇒p.103 参照

最後は、塩豚を作ったスープで〆のラーメンを。お塩や魚醤を添えて、好みの味でいただきます。特に男性に喜ばれます。

本日のナチュールワイン

右：「トゥ ナチュレルモン ルペティアン ロゼ」は甘酸っぱさが美味しい。
左：ぐびぐび飲めちゃう「クローチ ヴァルトラ ヴィアンコ」のオレンジワイン。

上：佐々木康弘さんのボウル／左ページ：FRAMeWORK のオーバーオール、ISABEL MARANT ÉTOILE のブラウス

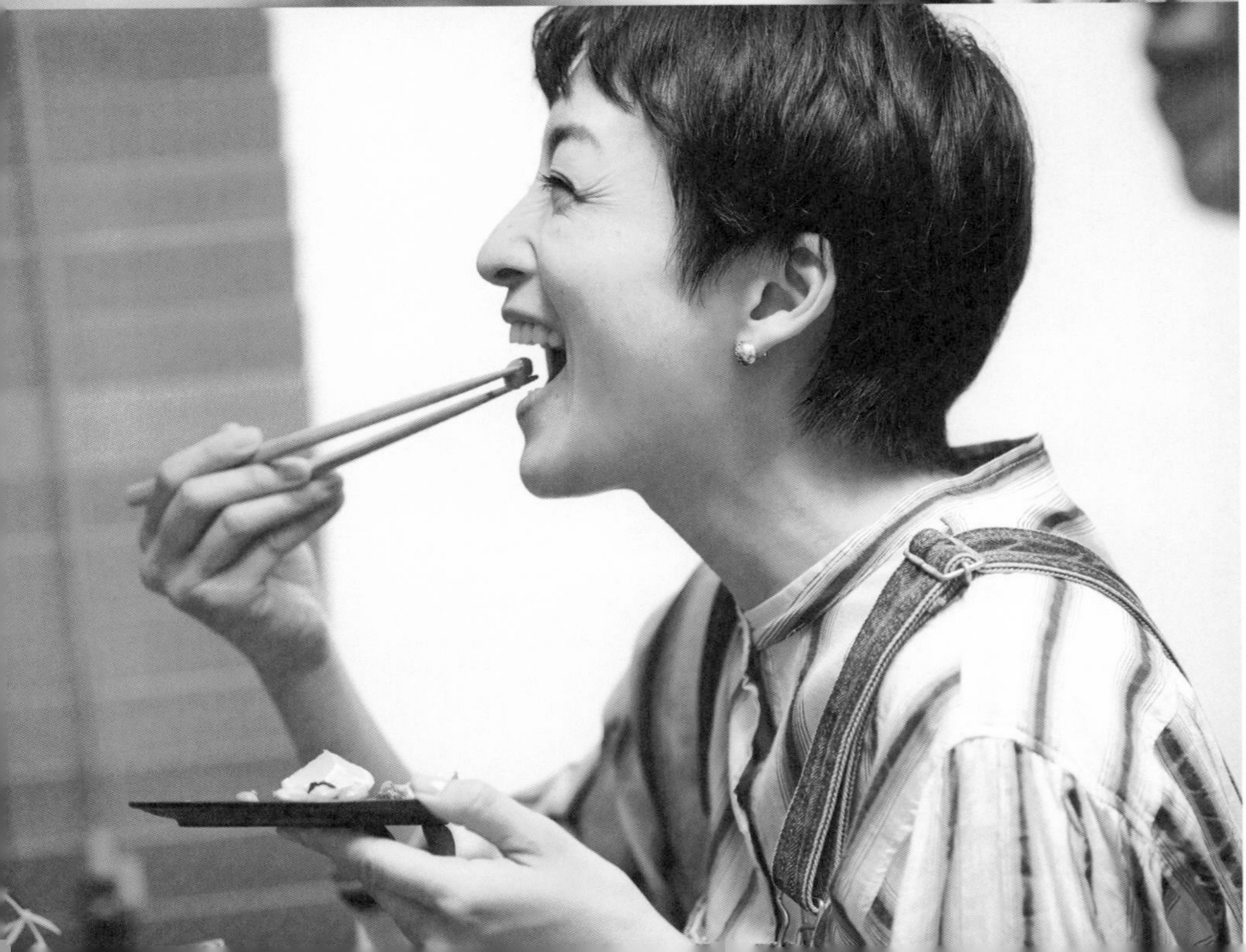

ホームパーティの手土産

招いてもらうお家の、邪魔にならないものを意識してます。
パーティを開く人のお料理をひきたてる手土産です。

CHEESE STAND の ブッラータチーズ

お邪魔したお宅に着いたら、包丁とまな板とお皿を借ります。季節のフルーツやミニトマトにお塩とオリーブオイルをかければ立派な前菜に。食べる直前にブッラータチーズを半分に割ると、中から生クリームがとろりと出てくるんです。

HIGASHIYA の 棗(なつめ)バター

以前、頂いて嬉しかったことがきっかけで、自分でも手土産にするようになりました。発酵バターのコクとクルミのカリッと感は、お酒にもお茶にも合うから、大人のパーティにぴったり。サイズ感もちょうどいいし、絶対にはずさない鉄板手土産です。

おつなの マグロのオイル漬け

そのままお皿に出すだけでおつまみの完成。残ったらお邪魔したお家で食べてもらえるから喜ばれます。賞味期限も長いので私はたくさん買っておいて、急に手土産が必要なときに重宝しています。写真は、プレーンとえごま味噌。箱も素敵です。

ルナーリアの
箱ワイン

取っ手つきなのでそのまま持ち運びもできるし、三角のおうち型が食卓に置いても可愛い。飲みたい量だけ蛇口を押して出せるので、各自気を遣わず好きなように飲んでもらえます。価格もお手頃で、〝魔法の自然派ワイン〟と呼んでいます。

EN TEA の
ブレンドティ

ティーバッグだから気軽に飲めるし、さらに美味しくて、イラストも素敵だから手土産で持っていくと喜ばれる、CHA TOKYOシリーズ。贅沢にお茶割りをするのもいいし、お酒を飲まない方にも喜ばれます。

うさぎ農園の
ドレッシング

熊本にある友人夫婦の農園からお取り寄せ。右から、玉ねぎドレッシングと、派手なピンクのカラーが珍しいビーツのドレッシング。どちらも手作りで、なににかけても美味しい。見た目も可愛いので女性に人気です。ちなみに、p.18-19のカラフル野菜もうさぎ農園からのお取り寄せです。

【第3章】姿

CLASSIC
準備中

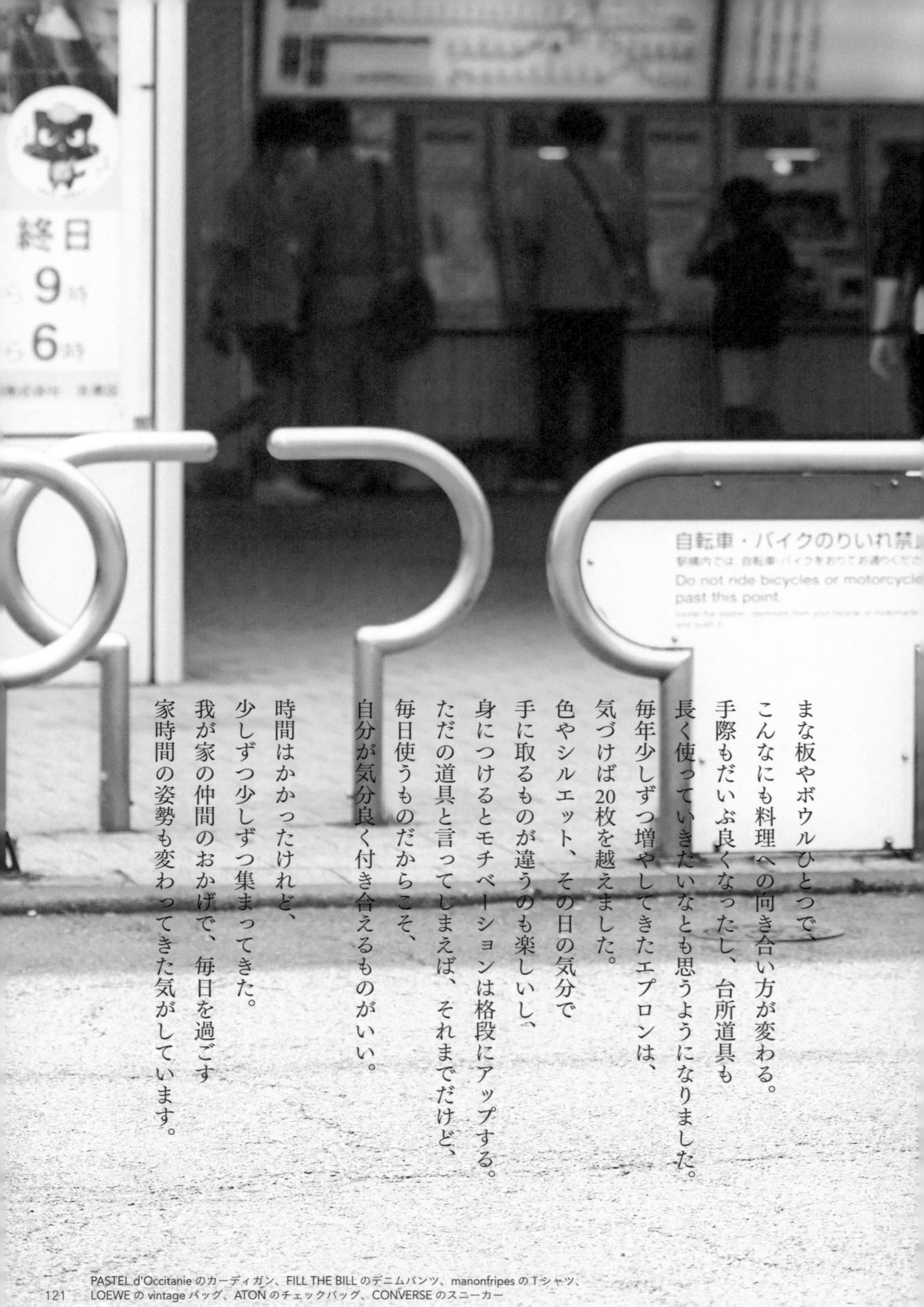

まな板やボウルひとつで、
こんなにも料理への向き合い方が変わる。
手際もだいぶ良くなったし、台所道具も
長く使っていきたいなとも思うようになりました。

毎年少しずつ増やしてきたエプロンは、
気づけば20枚を越えました。
色やシルエット、その日の気分で
手に取るものが違うのも楽しいし、
身につけるとモチベーションは格段にアップする。
ただの道具と言ってしまえば、それまでだけど、
毎日使うものだからこそ、
自分が気分良く付き合えるものがいい。

時間はかかったけれど、
少しずつ少しずつ集まってきた。
我が家の仲間のおかげで、毎日を過ごす
家時間の姿勢も変わってきた気がしています。

PASTEL d'Occitanie のカーディガン、FILL THE BILL のデニムパンツ、manonfripes の T シャツ、
LOEWE の vintage バッグ、ATON のチェックバッグ、CONVERSE のスニーカー

できないことを嘆くより できることを増やす

大の苦手なこと、それは整理整頓と片付けです。子供の頃から、どうにもこうにも片付けのセンスがない。台所の引き出しは、うっかり気を抜くと賞味期限切れのものや、なぜかまとめ買いしたごま油が大量に出てきたり……自分でも呆れるほど。私の財産でもある大切な器も、いつのまにかすき間もなくなるほど棚の中でギュウギュウになりました。それを見ていたら、なんだか食材にも器にも悪いなあと思って、この書籍の撮影を機に、担当編集さんにも手伝ってもらい断捨離をしました。食材は使う分だけを家に置き、買い置きも極力止めました。使う頻度が減った器は、宅配収納サービスに頼ったり、お嫁に出す気持ちで友人に譲ったりして、一気に半分以下に減らしました。えい！と腰を上げることは正直面倒だったけれど、結果とても動きやすい環境になり、料理の効率も上がりました。

誰だって得意不得意はある。でも、苦手なことを嘆いていても始まりません。ポンコツ精神で、思い切って友人にお願いするのも手段のひとつ。その代わりに自分が一生懸命やれること、得意なことで返せば、気持ちのよいお互い様になるはず。そんな風に姿勢を変えてみたら、今後も苦手なことと上手く付き合っていけるような気がしました。とはいえ、もう少し片付け上手になりたいけれど(笑)。

 manonfripes の T シャツ、ISABEL MARANT のオーバーオール

エプロンでも おしゃれをする

服を汚さないために身につけるもの。エプロンとは、本来そんな目的で使われることが多いのだと思う。先日、家にあるエプロンの枚数を数えてみたら、ゆうに25枚は超えていてびっくりしました。親もとを離れた19歳の頃から、ひとり暮らしで料理もしてきたけれど、エプロンを身につけ出したのは30歳を過ぎてから。それまでは1枚も持っていなかったし、必要性も感じていなかった。家にいる時間が少しずつ増えて、料理をすることの楽しさがわかってから、1枚、また1枚と買い足していきました。

なくても困らないけれど、あれば便利だし、つけるとスイッチが入ってやっぱり良いもんだなぁ、と思えるエプロン。シンプルな無地のユニセックスタイプが好きで、最初の頃はキナリや茶色、黒を選んでいました。最近は少し遊びがほしくなって、黄色やピンクの明るい色やロング丈なども仲間入り。ポケットは絶対に必要で、素材はできるだけタフなものが使いやすい。気分やシーンで、遊びが効いたロゴを選んでみたり、服とのバランスを考えてコーディネートするのも楽しみのひとつです。家にいるときだっておしゃれをしていたい。身につけると、前向きなスイッチが入る1枚を持っていると、ちょっぴり憂鬱なときも明るく台所に立てますよ。

エプロンは廊下にある棚に、マグネットフックをつけてかけています。いちばん手前のアトリエベトンの白いエプロンは、コラボして作ったオリジナル。胸には、私が大切にしている言葉「継続は力なり」とドイツ語で入れてもらいました。

PASTEL d'Occitanie のエプロン

ブルーのエプロンに合わせた、大人女子に好評の全身ワントーンコーデ。パステル ドクシタニのエプロンに出会い、長い丈って可愛いなと思うようになりました。くたっとして服によく馴染みます。

PASTEL d'Occitanie のシャツ・スカート、R.ALAGAN のピアス、BIRKENSTOCK のサンダル

YANUK のエプロン

オーバーオールが好きすぎて、その延長でサロペットエプロンにしてしまった、ヤヌークとのオリジナルコラボ。撥水加工を施しているので、白でも汚れにくいのがポイント。モノトーンスタイルには、スカーフで色をさして。

ATON のワンピース、CELINE の vintage スカーフ、MARIA BKACK のピアス

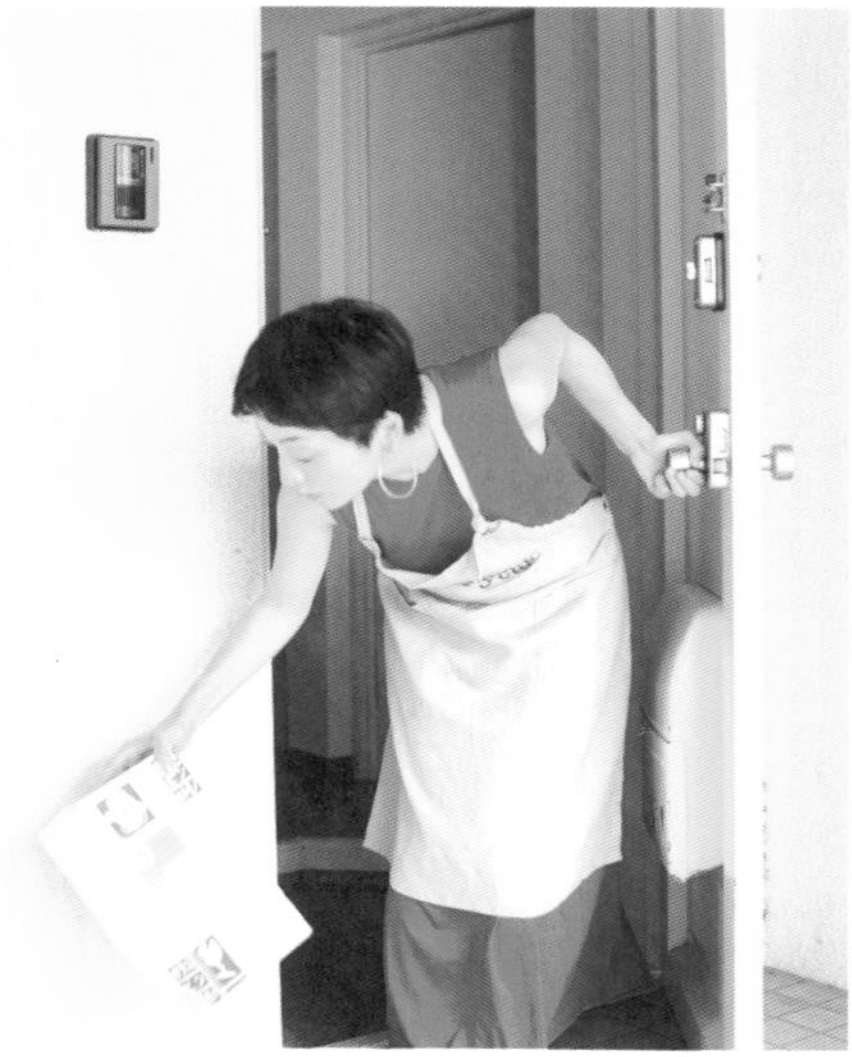

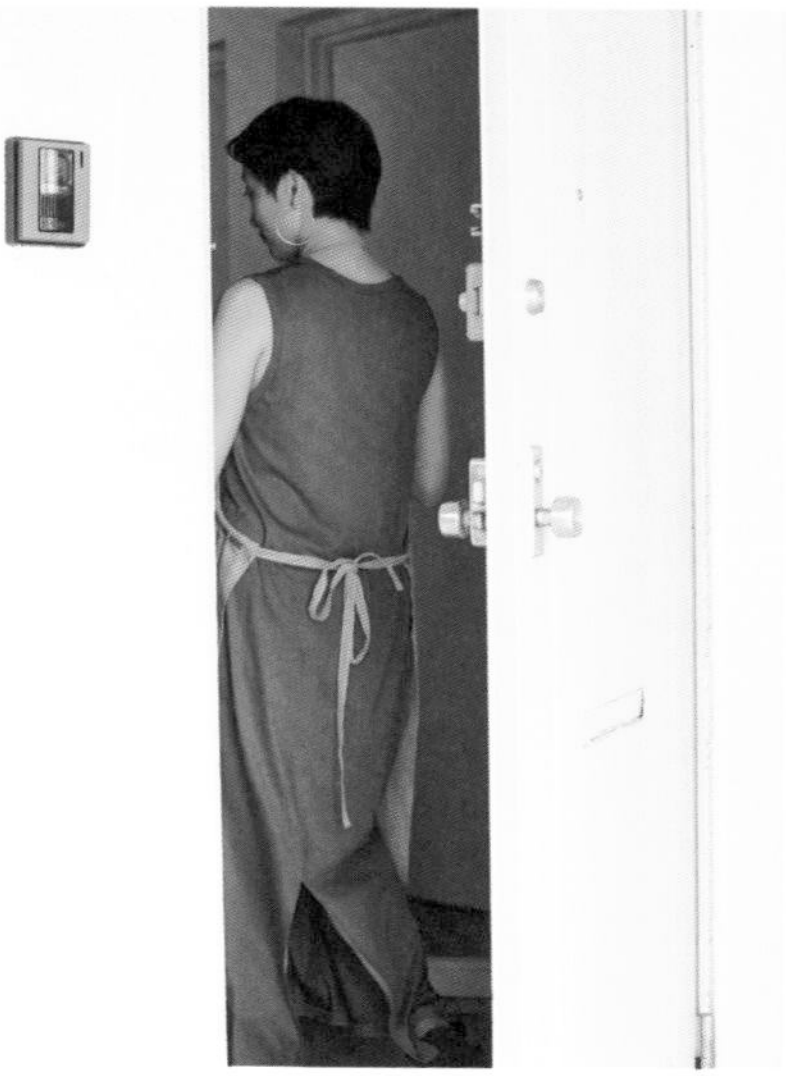

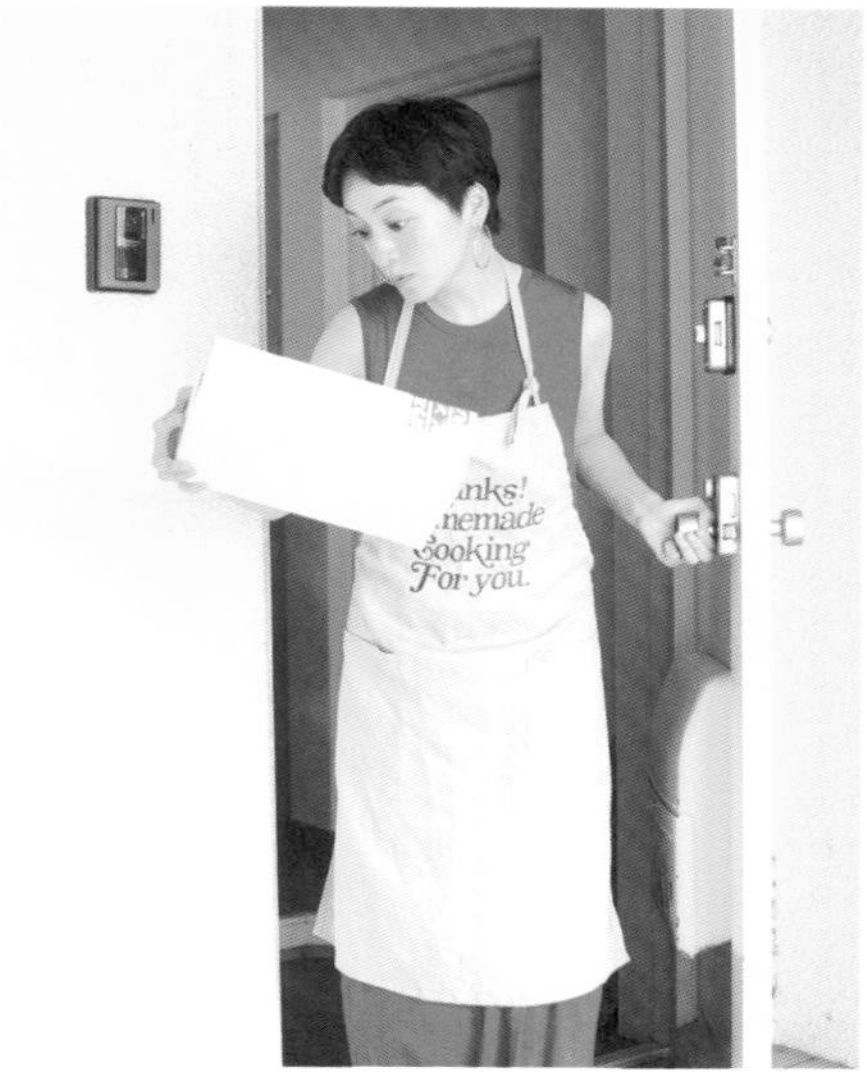

THE._.ALIENS のエプロン

つけるだけでテンションが上がる、ザ・エイリアンズのラベンダーのエプロンは、赤ワンピでポップに。普段カラーコーデをしない人でも、エプロンだったら冒険できちゃいますよ。ちなみにブルーも持っています。

SAYAKA DAVIS のワンピース、Ron Herman で買ったピアス

Lefts, のエプロン

料理家さんやシェフが使っていて、ずっと気になっていたレフツ。ウコン、生姜、レモンなどを使って、天然染めしたエプロンは、丈が長めのユニセックスタイプ。リネンのくたっとしたやわらかい感じが好き。

ETRÉ TOKYO のワンピース、YVES SAINT LAURENT vintage スカーフ、grün のピアス

お気に入りで揃える台所道具

木の持ち手が焦げて、ボロボロになるまで使った片手鍋はスーパーで買ったものだし、パン切り包丁なんて、たしか１００円均一だった気がする。数年前までうちの台所道具は、なんのこだわりもない、〝ただ料理をするときに使うもの〟でした。

初めて自分で使うようになった高価な台所道具は、ル・クルーゼの真っ赤なホーロー鍋。お誕生日に頂いて、当時ボロボロにはげた鍋を使っていた自分からすれば、とびきりのよそゆき鍋。煮物もスープも作れるし、見た目も素敵だからと、それからは、同じブランドでホーロー鍋を揃えるようになりました。旅先の京都の鍛金工房で出会った両手鍋は、職人さんの技が光る綺麗なフォルムにうっとりしてしまうほど。少しお値段は張るけれど、長く使えるし本当に買ってよかった。利便性、使い心地の良さ、美しい佇まい。良いものには理由があるのだと、実際に使って気づくことができました。

物を選ぶ価値感は、年齢や生活環境でも変わってくる。身の丈に合わないものは選んでこなかったつもりだけど、台所道具は素敵なものを使うと、それだけで効率が上がるし、なにより自分の料理中の〝ご機嫌度〟も変わる。少しずつ、自分の手に合うものを探していくのも、長い人生楽しそうですよね。

右・左：ル・クルーゼのホーロー鍋（ブラック・グレー）は、均一な熱伝導ができ、保温性も優れています。肉や野菜など幅広い料理に使えます。中：京都にある鍛金工房 WESTSIDE33 で買った、職人さんが作るアルミ鍋。美しいフォルムに見ているだけでうっとりします。

少しずつ集めた台所道具

この数年で、私の台所道具はだいぶ増えました。
どれも長く使っていきたい、大事なアイテムです。

teto ceramics の陶器

両方とも陶芸家・石井啓一さんが作るテトセラミックスのフリーカップです。ふたつがキッチンに並んでいるところを想像したら、絶対に可愛いと思って購入しました。私は菜箸やカトラリーを入れて使っていますが、お花を挿して花瓶として飾るのも素敵だと思います。

かごやの中華せいろ

友人が使っていて便利そうだったので、同じ18cmのサイズを買いました。これで市販の食品を温めてもいいし、野菜や豚肉を蒸しても美味しい。冷凍している玄米をせいろで温めると、ふわふわモチモチになるんです。そのまま出しても様になります。

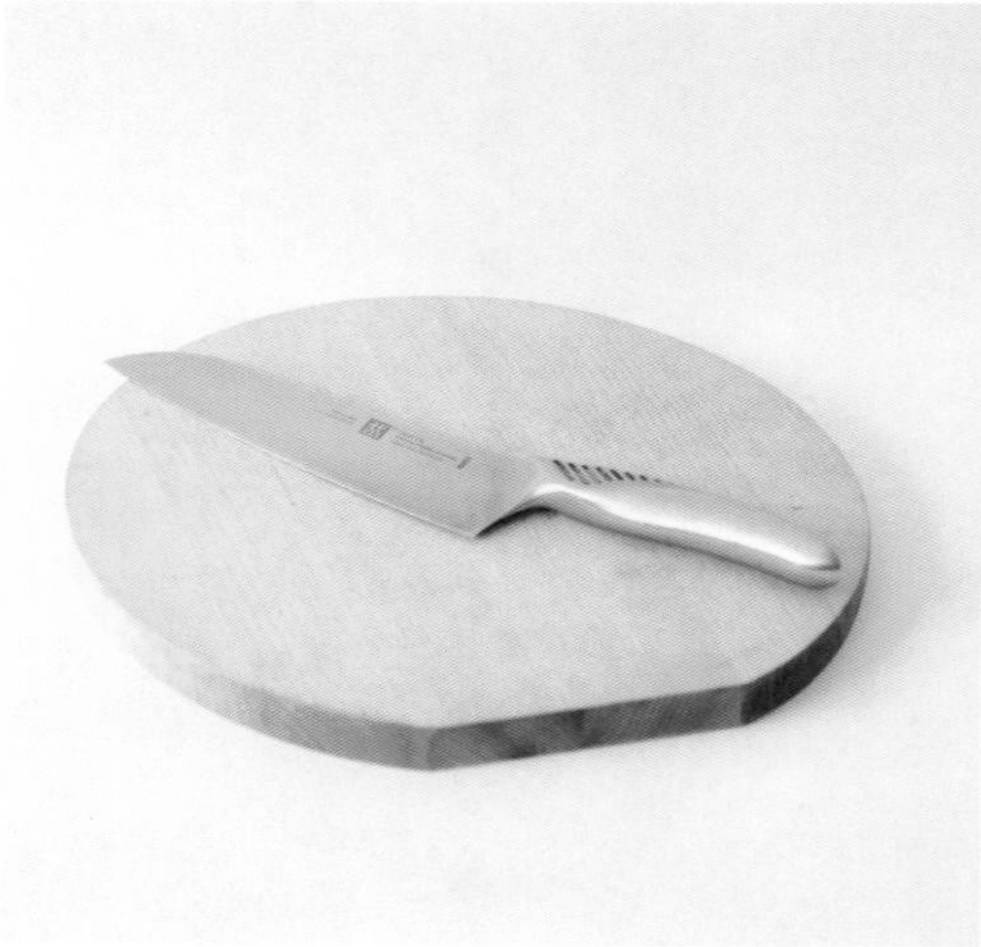

ひばの木の丸いまな板
ツヴィリングの包丁

青森のひばを使った丸いまな板は『梅沢木材工芸社』。下が平らなので、洗った後は立たせて乾かせます。ひばはカビにくく、消臭抗菌効果もあるから衛生面的にも良いんです。『ツヴィリング』の包丁は友人からの頂き物。ステンレスで軽く、使いやすい。

家事問屋の
下ごしらえボウル

計量メモリがついているから、すごく便利だし、重ねてしまえるのですっきりします。サイズ違いで3つ揃えました。レシピを考えるときに分量を出すので、このボウルたちには、とってもお世話になってます(笑)。注ぎ口付きで、こぼさず使えるのも好ポイント。

VERMICULARの
フライパン

長年使っていた物から、チェンジしたバーミキュラの分厚い鋳造フライパン26cm。ソテーはパリッとジューシーに仕上がるし、炒めものも美味しくできます。一緒に買った24cmの少し深型タイプは、揚げものをするときによく使ってます。

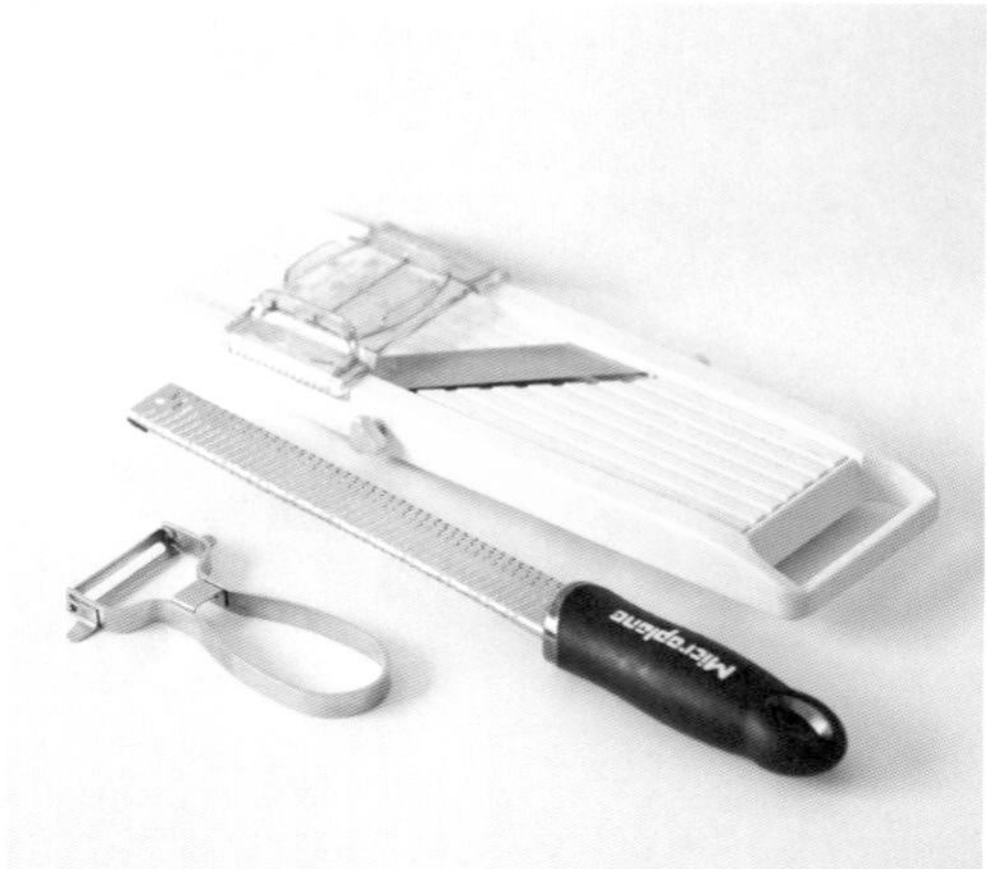

スライサー＆ピーラー

上：「ベンリナー」は太さも厚みも変えられる優れもの。私はスライサーとして使っています。よく切れるのでカバーを忘れずに。中：『マイクロプレイン』の「ゼスターグレーター」。チーズ、レモン、大根などが簡単に削れます。下：シェフの米澤文雄さんに勧められて購入した『ニトリ』のスライサーは370円ほど。コスパが良いだけじゃなく、切れ味も最高ですごく使えます！

小さめのお弁当箱

右：曲げわっぱは青山にあるショップ『VA-VA』さんとコラボして作った、一勝地曲げ。左：アルミのお弁当箱は、料理家の栗原心平さんが作った「こべんとう」。どちらも小さいけど、意外とたくさん入ります。ごはんの上におかずを詰めるので、ごはんに味が染みてさらに美味しくなるんです。家の食器棚に、ふたつ並べて片付けています。コロンとした姿が愛おしい。

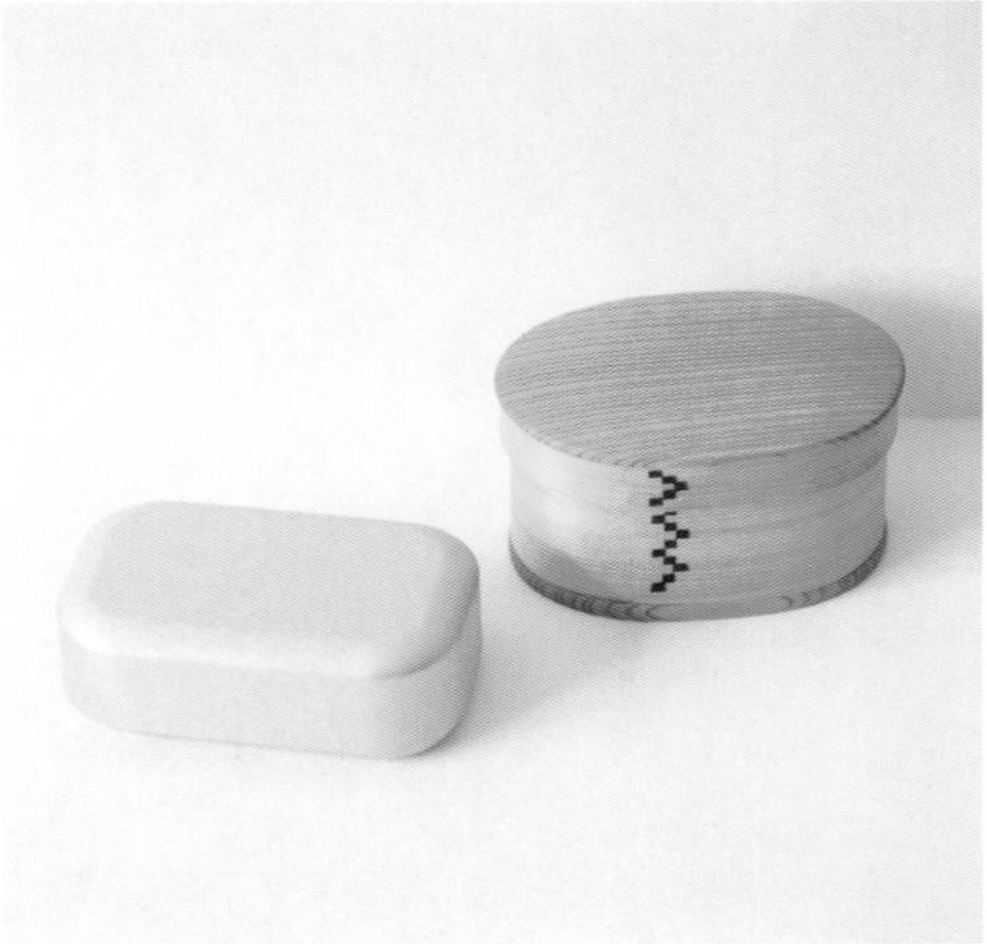

かまどさんの土鍋

1冊目の書籍を出版したときに、スタッフさんがお祝いでくれた「かまどさん」。ごはんを炊くのもいいし、書籍2冊目ではトマト麻婆豆腐に使いました。そのまま卓上にも出せるので、鍋としての役割も、器としての役割も担ってくれる万能選手です。

ひらめきは本から

いつからか〝食〟に関する本をあれやこれやと集めてきました。料理家さんのレシピ本もあるし、ナチュラルワインを知りたくて買った分厚い本もある。語り口調で、美味しいを表現するエッセイも、先輩からの人生のススメを学ぶようによく読んでいます。

よしながふみさんの漫画『きのう何食べた？』の1巻では、主人公シロさんが「あまからすっぱいのバランスが取れてて、一品一品の味もいい！」と言う場面がある。初めて読んだ11年前、このセリフにとても共感したことを今でも覚えています。ほかにも、食材や味がかぶる料理は避けること、普段のごはんはできるだけ時短で作れてバランス良くすること。そんな彼なりの哲学がとても好きで、自分の日々のごはんにも生かすようになりました。そして、女優の高峰秀子さんの書籍『高峰秀子のレシピ』からは、「家での料理にルールはない。もっと自由に楽しもう！」と、素敵なメッセージを頂きました。お酒のお猪口だって小鉢にしちゃう。お店で食べたものが美味しかったら、すぐ真似してみよう。好き嫌いの多い旦那様に、たくさんの工夫を入れて楽しみながらお料理を作る姿勢に憧れます。人生の大大先輩だけど、今お会いできたらお友達になれそうだな〜、なんて勝手に想像しながらページをめくっています。

食卓の情景
池波正太郎
何食べた?
よしながふみ
たまこ定食
注文のいらないお店
野崎ふみこ
舞妓さんちのまかないさん
小山愛子
高峰秀子のレシピ
「台所のオーケストラ」より
自然派ワイン入門
NATURAL WINE AN INTRODUCTION TO ORGANIC AND BIODYNAMIC WINES MADE NATURALLY
イザベル・レジェロンMW 著
清水玲奈 訳
X-Knowledge
Studio Olafur Eliasson
The Kitchen
スタジオ・オラファー・エリアソン
キッチン

おわりに

私は料理人でもないし、資格もない。ただの、料理が好きな東京在住の独身、もうすぐ38歳の人間です。「美味しい」という言葉に弱く、それを幸せだなーと感じている日々です。本業はモデルなので、食いしん坊で呑んべえの私には少々辛いのが本音。ときどき、節制もしながら、自分だけの美味しいを探しています。

この本には、レシピと呼ぶには申し訳ないくらい簡単なものから、とっておきの十八番まで、50ほどのレシピを紹介しました。２冊同時に本を作っていたので、今年は自分の人生史上、最も忙しく、ジェットコースターのような毎日でした。

特にこの本の製作中の後半、私のスケジュールは常に真っ黒で、ゆっくりテーブルに座る時間さえない日もありました。あんなに食べることを大切にしていたのに、いつの間にか自分の食事もおろそかにしてしまうなんて……。心も身体も元気じゃないと美味しいは楽しめない。この原稿を書きながら、しみじみと感じました。そんなときに、友人から「なんでも適量だよー」と言われたことがあったんです。この本にもレシピの中で〝適量〟という言葉が何度も出てきます。これは、ちょうど良い量ということで、味見をしながら、自分好みに調整していくこと。自分の感覚に１番近づける方法は、きっと体調や感情によって、そのときどきで違います。美味しいの適量も人それぞれ。ただ、その自分好みに引き寄せる方法を知っていると、なにかと便利です。レシピなのに適量がたくさん出てくると、作る人が困っちゃうかなと、悩みながら書いていたのも事実です。だけど、人生も一緒かなと思って。自分のペースで自分好みに調味していけばいい。そんなキッカケがあって、初めて〝適量〟って良い言葉だと気づきました。

　この本はレシピ本ではなく、食べることを楽しむアイディア本のようなイメージに近いのかもしれません。私が日々の中で気づいた、美味しいや楽しいを生むヒント集です。小鉢の色やお皿の大きさのバランスを考えながら、食卓に配膳していくような感覚で綴ってきました。自分のため、家族のため、大切な人のために、少しでも食卓を楽しく彩れるヒントを見つけてもらえたら幸せです。

　最後に、一緒に制作してくれた信頼するスタッフさん、心から感謝しています。皆さんのおかげで完成しました。そして、この本を手に取り、読んでくださった皆さん、本当にありがとうございました。

２０２０年11月　高山 都

文　高山 都
デザイン　福間優子
写真　田村昌裕 (freaks)
ヘアメイク　渡嘉敷愛子、鈴木智香 (A.K.A.)
協力　うさぎ農園、THE DAFFODILS flower shop
編集　山本有紀、中村陽子（双葉社）

※本書に掲載している洋服その他アイテムは
すべて著者本人の私物です。
お問い合わせはご遠慮ください。

高山《たかやま》 都《みやこ》の
美《び》食《しょく》姿《すがた》 4
わたしが「作《つく》って」「食《た》べる」理由《りゆう》。

2020年11月29日　第1刷発行

著　　者　高山 都
発 行 者　島野浩二
発 行 所　株式会社 双葉社
〒162-8540　東京都新宿区東五軒町3番28号
☎　03-5261-4818（営業）
03-5261-4869（編集）
http://www.futabasha.co.jp/
（双葉社の書籍・コミック・ムックが買えます）
印刷・製本　大日本印刷株式会社

ISBN978-4-575-31590-5　C0076